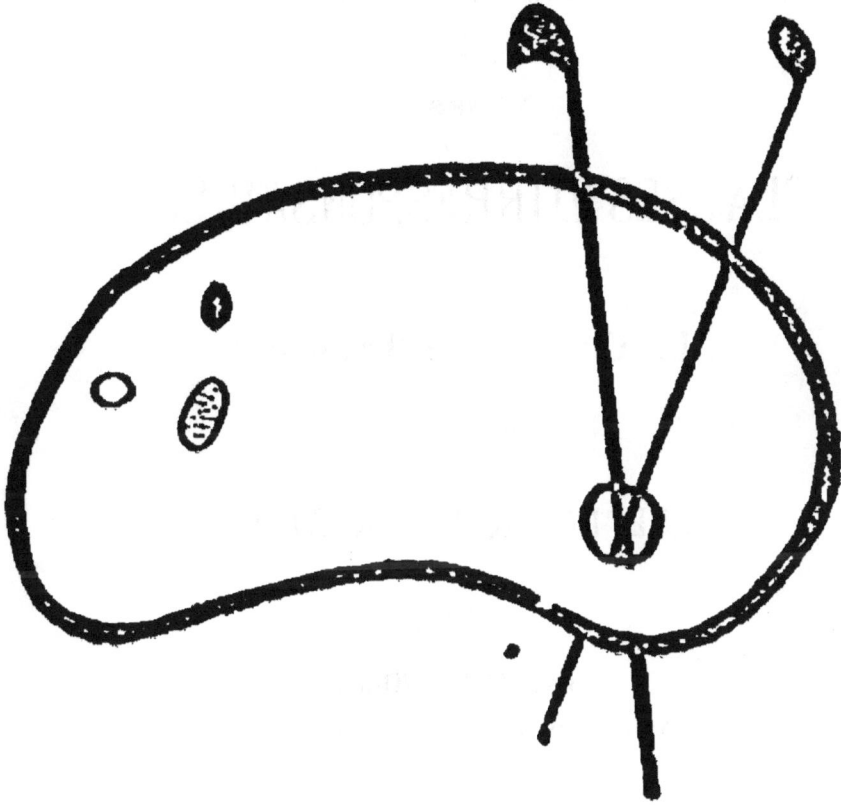

COUVERTURE SUPERIEURE ET INFERIEURE
EN COULEUR

FACULTÉ DE DROIT D'AIX

DES

CLAUSES D'IRRESPONSABILITÉ

DANS

Le Contrat de Transport

THÈSE POUR LE DOCTORAT

PAR

Léon ALPHANDERY

Avocat au Barreau de Marseille

MARSEILLE

TYPOGRAPHIE ET LITHOGRAPHIE BARTHELET ET Cie

19, Rue Venture, 19

1896

DES

CLAUSES D'IRRESPONSABILITÉ

DANS LE

CONTRAT DE TRANSPORT

COMMISSION DE LA THÈSE :

M. VERMOND, professeur, *Président*.

M. BOUVIER-BANGILLON, professeur.

M. AUDINET, professeur.

FACULTÉ DE DROIT D'AIX

DES

CLAUSES D'IRRESPONSABILITÉ

DANS

Le Contrat de Transport

85757

THÈSE POUR LE DOCTORAT

PAR

Léon ALPHANDÉRY

Avocat au Barreau de Marseille

MARSEILLE

TYPOGRAPHIE ET LITHOGRAPHIE BARTHELET ET Cie

19, Rue Venture, 19

1896

INTRODUCTION

Toutes les questions qui se rattachent au commerce des transports et à ses relations avec le public empruntent une importance considérable à la multiplicité des intérêts qui se trouvent immédiatement en jeu. Le transporteur est en effet l'auxiliaire indispensable de tous les commerçants et de tous les industriels, puisque seul il peut les mettre en rapport avec les consommateurs. C'est une nécessité de tous les temps, et c'est ce qui explique l'ancienneté des textes législatifs en cette matière.

Mais, si l'institution répond à des besoins qui ont toujours existé, elle n'en a pas moins subi, en notre siècle surtout, de profondes modifications.

Sous l'influence des progrès de la science et de l'industrie, les relations entre les hommes et entre les peuples ont pris une extension qu'il était difficile de prévoir. Des pays nouveaux ont été mis en exploitation, fournissant des producteurs et aussi des consommateurs;

des moyens de transports ont été créés, sans cesse per-
fectionnés ; tout a contribué à faire du commerce des
transports l'une des plus grandes industries modernes,
la plus grande peut-être si l'on songe aux capitaux qu'elle
met en œuvre et au nombre d'hommes qu'elle emploie.

Les Compagnies de chemins de fer et certaines Compagnies de navigation comptent parmi les institutions
financières les plus considérables de notre époque, tant
par leur rôle économique que par les intérêts importants
qu'elles représentent.

Le producteur et l'industriel s'adressent à des consommateurs souvent très éloignés; ils sont obligés de mettre
leurs marchandises à leur portée, et cela dans les meilleures conditions possibles, au triple point de vue du
prix à payer pour le transport, de la sécurité et de la
rapidité.

Il y a là un intérêt d'ordre public qui, de tout temps,
a frappé le législateur. Déjà le Préteur romain s'était
occupé de soumettre les voituriers à des règles spéciales
relativement à la responsabilité qui leur incombe, et les
principes qu'il avait posés sont encore ceux qui régissent cette matière.

Mais si la législation est restée, à très peu de chose
près, la même, il est impossible de nier que le commerce des transports n'est plus exercé dans les mêmes
conditions.

L'importance considérable qu'il a prise l'a rendu à
peu près impraticable pour les simples particuliers. Il
est presque entièrement, sur terre et sur mer, entre les
mains de Compagnies puissantes, exerçant un véritable
monopole de droit ou de fait.

Sur terre, les Compagnies de chemins de fer ont réduit les autres transporteurs à l'état de simple souvenir, et elles jouissent, en France notamment, d'un monopole réglé par des lois spéciales. La réglementation est la contre-partie nécessaire du monopole, car, si l'expéditeur n'est plus à même de choisir le transporteur à qui il veut confier ses marchandises, et de discuter avec lui les prix et conditions du contrat de transport, il faut que l'Etat, prenant son lieu et place, en ait par avance posé les bases.

Sur mer, au contraire, la liberté des conventions reprend son empire, dans les limites déterminées par la loi. Le législateur a soumis à des règles très étroites la responsabilité des voituriers, et il a fait aux armateurs l'application de ces règles, en leur concédant certaines faveurs, qui, sans diminuer la responsabilité des armateurs, la rendent moins onéreuse dans ses conséquences.

La caractéristique de la responsabilité des transporteurs, en général, c'est qu'ils répondent de leur faute même légère, et qu'ils sont garants des marchandises à eux confiées, en cas de perte ou d'avarie, jusqu'à preuve du cas fortuit ou de la force majeure.

Or, le développement et la transformation de l'industrie des transporteurs avaient entraîné pour eux une augmentation de risques qui pouvait à bon droit leur paraître inquiétante.

D'abord, ils sont obligés d'avoir un matériel énorme, très coûteux, exposé à des accidents continuels, sans cesse perfectionné, qui représente à lui seul un capital considérable, et une grande dépense d'entretien. Forcés par leurs tarifs ou par la concurrence de transporter à des prix relativement réduits, ils font sur chaque expédition un bénéfice très petit et ne peuvent se rattraper que sur la quantité.

Il leur faut donc transporter une énorme quantité de marchandises de toutes sortes, sujettes à bien des détériorations par le fait même du transport, toutes plus ou moins fragiles, plus ou moins périssables. Il faut, dans cet amas d'envois de destinations si différentes, ne commettre aucune confusion, aucune erreur; et l'on ne dispose, pour cette manipulation; que d'un temps très restreint.

Les Compagnies de chemins de fer trouvent une facilité dans le fractionnement infini des trains et des voitures, mais cette facilité n'existe pas dans les transports par mer. Un navire de plusieurs milliers de tonnes doit se charger et se décharger en deux ou trois jours. La rapidité des machines que l'on emploie pour ce travail rend toute vérification presque impossible et une erreur peut entraîner un retard de plusieurs mois.

Pour toutes ces opérations, les transporteurs sont obligés d'avoir recours à un personnel innombrable, qu'ils ne peuvent choisir avec soin, encore moins surveiller: ils sont à la merci de la moindre négligence d'un agent subalterne et peuvent de ce chef subir d'énormes dommages.

Avouons qu'il y a là une juste cause d'inquiétude pour ceux qui sont exposés à de tels risques.

Il était inévitable que les transporteurs de toute nature cherchassent à restreindre ou même à supprimer une responsabilité si lourde.

Leurs tentatives ont du reste coïncidé avec un changement indéniable, qui s'est manifesté dans la seconde moitié de ce siècle, en ce qui concerne la conception même de la responsabilité en général.

Le changement s'est produit sous l'influence d'une institution entièrement moderne dans ses applications, sinon dans son principe même.

Nous voulons parler de l'assurance qui prend dans nos mœurs une place chaque jour plus grande.

La multiplicité, l'ingéniosité, la souplesse de ses combinaisons font de l'assurance un merveilleux moyen de garantie contre les dommages de toutes sortes que chacun de nous est exposé sans cesse à subir, et contre les conséquences des responsabilités si nombreuses qu'il encourt de son fait ou de celui des personnes ou des choses dont il est garant.

Le rôle social de l'assurance est immense, même dans les pays qui, comme le nôtre, sont le plus réfractaires à cette conception.

Il est certain que, à tort ou à raison, beaucoup de bons esprits ont vu là le motif d'une modification profonde de la théorie de la responsabilité, telle que la concevaient nos codes, rédigés à une époque où la seule assurance, réellement connue et pratiquée, était l'assurance maritime, institution toute spéciale, adoptée dans un but d'utilité pratique, depuis des siècles, par tous les peuples qui font le commerce de la mer.

De toutes les autres assurances, seule celle contre l'incendie avait fait en France une apparition, du reste peu favorable, et le législateur avait gardé sur toutes le silence le plus complet. Beaucoup du reste ne devaient se développer que postérieurement.

Or, il faut le reconnaître, les juristes, fidèles à la tradition, avaient, en général, accueilli ces innovations avec beaucoup de défiance. On a vu un procureur général près la Cour de Cassation s'élever avec indignation, du haut de son siége, contre une des formes les plus utiles de l'assurance, l'assurance sur la vie [1]

Et bien, quand une institution, qui touche de si prés à la responsabilité, est parvenue à vaincre tant de préventions ne peut on pas prétendre que, du même coup, la théorie de la responsabilité elle-même s'est trouvée modifiée? C'est ce que l'on a soutenu avec une certaine apparence de raison. Et faisant application de ces idées aux clauses d'irresponsabilité, d'une manière générale, on a pu se demander pourquoi il ne serait pas permis de faire, entre gens unis par un contrat ou un quasi contrat, une convention qui, en définitive, semble aboutir au même résultat qu'une assurance.

Toute la genèse des clauses d'irresponsabilité est dans ces deux faits.

Lorsque les transporteurs voulurent atténuer par des clauses de ce genre la responsabilité qui leur incombe, ils procédèrent d'une manière différente suivant la nature des transports.

Les Compagnies de chemins de fer étaient dans une situation exceptionnellement favorable, puisque, elles, du

---

(1) M. Dupin, procureur général dans l'affaire du pourvoi de la Pommerais. D. P. 1864. 1. 497.

moins, avaient un bénéfice assuré et garanti ; elles voulurent cependant diminuer encore leurs risques, et eurent recours à l'institution des tarifs spéciaux.

Ces tarifs, en échange d'une réduction sur le prix du transport, stipulent pour le transporteur certains avantages tels qu'une augmentation des délais, et l'exonération de certains risques. Mais il est un risque considérable dont les Compagnies ne pouvaient prétendre se libérer. C'est celui qu'elles courent par le fait ou la faute de leurs préposés, employés ou agents quelconques.

Il y avait pour cela une raison toute de fait.

Il est impossible, pour le public de distinguer la personnalité de ces agents de celle toute morale de la Compagnie. Ces agents sont innombrables, inconnus, sans attributions propres, du moins apparentes à tous. Ce sont des employés et non des préposés. Ils se dissimulent, souvent même derrière des guichets, au public qui ignore leur nom, leur emploi ; qui ne traite avec eux, que comme représentants de cette personne morale qui seule se manifeste à lui, la Compagnie.

Aucun de ces agents ne joue, au point de vue légal, un rôle qui lui soit propre dans la formation et l'exécution du contrat de transport ; et d'où résulte à son encontre une responsabilité personnelle spéciale. La loi ne les connait pas ; et cependant, quand dans un intérêt général elle impose aux transporteurs une responsabilité en garantie des soins que les expéditeurs ont le droit d'exiger pour leurs envois, il ne suffit pas que ces soins se retrouvent, à l'état abstrait, chez les actionnaires de la Compagnie, qui sont en dernière analyse les transporteurs, il faut au contraire qu'ils existent chez ces agents subalternes qui sont les rouages nécessaires du mécanisme du transport.

La personnalité du transporteur efface ici complètement celle de ses préposés.

Si donc les Compagnies de chemins de fer pouvaient essayer de se soustraire à la responsabilité de leur faute, elles ne pouvaient être admises, ayant succombé dans cette prétention, à émettre la prétention plus modeste d'échapper à la responsabilité des fautes de leurs préposés. Cela ne pouvait être, et du reste les tarifs spéciaux ne contiennent aucune clause de ce genre.

Dans le contrat de transport par mer au contraire deux personnalités bien distinctes apparaissent avec lesquelles le chargeur est en rapports. Il y a d'abord l'armateur, particulier ou Compagnie qui est le véritable transporteur; il y a ensuite un préposé de ce transporteur, qui reçoit en fait et aussi en droit des attributions multiples et très importantes, si importantes même que parfois le public ne connait que lui, et ne traite qu'avec lui.

Ce préposé dont la personnalité se manifeste aussi énergiquement, c'est le capitaine.

Sans doute, en fin de compte, il n'est qu'un préposé, mais il a une existence légale, des attributions qui lui sont propres, une responsabilité personnelle, qui s'ajoute à celle de l'armateur comme un supplément de garantie. En cours de voyage, il est le souverain maître à son bord, il échappe à toute surveillance. Le moindre de ses actes, la plus petite négligence de sa part, peut-être pour l'armateur la cause d'un préjudice considérable. De tous les risques qui pèsent sur le transporteur par mer, celui-ci est certainement un des plus dangereux. Aussi l'a-t-on considéré comme une sorte de risque de mer; et l'assurance maritime peut-elle s'étendre à la baraterie de patron.

C'est évidemment de ce côté que les armateurs devaient chercher surtout une atténuation de responsabilité, et ils ont essayé de l'obtenir en insérant dans les chartes-parties et connaissements une clause par laquelle ils se déchargeaient de toute responsabilité des fautes du capitaine. Mais cette clause par sa nature même est spéciale au transport par mer. Comme elle a reçu un accueil favorable dans la doctrine, et surtout dans la jurisprudence, elle est devenue de style. A l'heure actuelle elle est imposée à tous les chargeurs, ce qui ne veut pas dire qu'elle soit acceptée de plein gré, et sans protestations.

Les abus qui proviennent de cet état de choses sont devenus si graves qu'une campagne très vive est menée contre cette clause par tous les expéditeurs; cette campagne a eu déjà pour résultat d'appeler l'attention du législateur sur la situation que les Compagnies de navigation font au commerce. La question est maintenant posée devant les Pouvoirs publics.

Ainsi un contrat de transport par voie de mer peut comprendre deux sortes de clauses d'irresponsabilité, les unes relatives à la faute de l'armateur, les autres à la faute du capitaine.

Une étude des clauses d'irresponsabilité embrasse forcément ces différentes stipulations, et doit donc comprendre obligatoirement deux parties : la première s'étendant à tous les transports, la seconde spéciale au transport par mer, et c'est la disposition que nous adopterons.

Il n'est pas possible de restreindre cette étude uniquement dans les limites du contrat de transport. Il est indispensable de rechercher qu'elle est la valeur des clauses qui nous occupent, en droit commun, et pour cela de rappeler quels sont les principes sur lesquels est établie la responsabilité en général. Il faut, en d'autre termes, rechercher les raisons générales que l'on peut faire valoir pour ou contre les clauses d'irresponsabilité, avant de s'occuper des raisons spéciales, tirées de considérations propres au contrat de transport.

Nous compléterons ce travail par un résumé rapide des solutions adoptées à l'étranger en cette matière. La question de la validité de la clause d'irresponsabilité s'est posée en effet dans tous les pays, et par suite des relations internationales que le contrat de transport engendre, elle doit plus que toute autre être considérée à un point de vue général en tenant le plus large compte de ce qui se fait dans les pays étrangers, dans ceux surtout dont le commerce est égal ou même supérieur au commerce français.

Enfin comme toute chose est susceptible de progrès, même la loi, et que l'on peut se demander assez justement si notre loi sur les transports, avec l'interprétation qu'en fait la jurisprudence, est bien conforme aux institutions actuelles, nous terminerons ce travail en recherchant les bases sur lesquelles on pourrait arriver à concilier l'intérêt des chargeurs et celui des armateurs, tous deux également dignes à des titres divers d'attirer l'attention du législateur.

PREMIÈRE PARTIE

CLAUSES D'IRRESPONSABILITÉ

DE LA

FAUTE PERSONNELLE

CHAPITRE PREMIER

I

« Tout homme est garant de son fait; c'est une des premières maximes de la Société : d'où il suit que si ce fait
cause à autrui quelque dommage, il faut que celui par la
faute duquel il est arrivé soit tenu de le réparer. »

C'est en ces termes, que s'exprimait le tribun Bertrand
de Greuille, en présentant au tribunal le projet de loi qui
devait donner naissance à l'article 1382 du Code civil.

« Ce principe consacré par le projet n'admet point
d'exception, il embrasse tous les crimes, tous les délits, en
un mot tout ce qui blesse les droits d'un autre; il conduit
même à la conséquence de la réparation du tort qui n'est
que le résultat de la négligence ou de l'imprudence. On
pourrait, au premier aspect, se demander si cette conséquence n'est pas trop exagérée, et s'il n'y a pas quelque
injustice à punir un homme pour une action qui participe
uniquement de la faiblesse ou du malheur, et à laquelle

son cœur et son intention sont absolument étrangers. La réponse à cette objection se trouve dans ce grand principe d'ordre public : c'est que la loi ne peut balancer entre celui qui se trompe et celui qui souffre. »

Voilà le principe de la responsabilité. Le but de la loi n'est pas ici de punir l'auteur, quelquefois innocent, de l'acte nuisible, mais uniquement de le forcer à en réparer les conséquences.

« Partout où elle aperçoit qu'un citoyen a éprouvé une perte, elle examine s'il a été possible à l'auteur de cette perte de ne pas la causer, et si elle trouve en lui de la légèreté ou de l'imprudence elle doit le condamner à la réparation du mal qu'il a fait. Tout ce qu'il a le droit d'exiger, c'est qu'on ne sévisse pas contre sa personne, c'est qu'on lui conserve l'honneur, parce que les condamnations pénales ne peuvent atteindre que le crime, et qu'il n'en peut exister que là où l'intention de nuire est établie ou reconnue. Mais ce n'est pas trop exiger de lui que de l'astreindre à quelques sacrifices pécuniaires pour l'entière indemnité de ce qu'il a fait souffrir par son peu de prudence ou d'attention. »

Ainsi s'explique et se justifie l'article 1382 qui constitue notre loi Aquilia.

Art. 1382. — « Tout fait quelconque de l'homme, qui cause à autrui un dommage, oblige celui par la faute duquel il est arrivé à le réparer. »

A qui incombera la charge de prouver que cette obligation de réparation a pris naissance ? Évidemment à celui qui en réclamera l'exécution.

Aucun lien de droit n'existait entre l'auteur du fait, et celui qui souffre le dommage, c'est à celui qui se prétend créancier à justifier de son titre, et, ici, le titre de l'un, c'est la faute de l'autre.

Celui qui réclame des dommages-intérêts devra donc prouver qu'il lui est dû ; qu'il y a eu une faute commise, et qu'il en a souffert.

Mais ce qu'il est en droit d'exiger ; c'est seulement la réparation du préjudice qu'il a éprouvé ; c'est qu'on le mette dans la situation où il se trouvait avant qu'ait été commise cette faute à laquelle il est resté étranger, car s'il est juste qu'il ne soit pas lésé, il est juste aussi qu'il ne s'enrichisse pas aux dépens d'autrui.

L'obligation est limitée aux conséquences de la faute, et le préjudice sera en même temps la raison d'être et la mesure de réparation.

Telles sont les règles de la responsabilité délictuelle ou quasi délictuelle ; elles ont pour base un principe d'ordre public, et sanctionne des devoirs légaux.

Quelle serait la portée de conventions qui tiendraient à modifier les conditions de responsabilité à encourir ?

Elles seraient certainement considérées comme nulles, si par extraordinaire elles se produisaient.

Remarquons, tout d'abord que la question ne peut se poser que dans des relations de voisinage, ou pour une responsabilité quasi délictuelle née à l'occasion d'un contrat, comme par exemple en matière de travail industriel. Les accidents et autres faits dommageables nés en dehors des conventions, sont, en effet, le plus souvent imprévus de leur auteur aussi bien que de leur victime, et il ne pouvait en pratique, venir à l'esprit de personne l'idée bizarre de stipuler son irresponsabilité future.

On conçoit parfaitement au contraire une stipulation intervenant entre voisins et les déchargeant réciproquement, ou l'un d'eux seulement, de toute responsabilité au sujet de l'incendie communiqué de leur maison à la maison voisine.

On conçoit également qu'un patron cherche à s'exonérer de toute responsabilité relativement aux accidents qui pourraient arriver aux ouvriers qu'il emploie, moyennant un supplément de salaire.

L'argument le plus fort en faveur de la validité de semblables stipulations, et celui tiré de la légitimité des contrats d'assurance dans leurs applications aux risques locatifs et aux accidents de travail

Nous aurons souvent dans le cours de ce travail à réfuter des arguments analogues; il n'est donc pas inutile de faire ici une étude un peu détaillée de cette question, quelque étrangère qu'elle puisse paraître tout d'abord au sujet qui nous occupe.

Dans une de ses savantes études de droit maritime (1), M. de Courcy, s'est fait le champion des clauses d'exonération de la faute personnelle :

« Il y a, dit-il, une grande institution moderne, qui s'est développée sans législation, à quoi ne songent pas les jurisconsultes qui s'attardent dans les appréciations de l'ancienne doctrine. C'est l'institution des assurances. Elle

---

(1) II. Les limites de la responsabilité personnelle.

a changé profondément les mœurs, et les nécessités de l'ordre public, en mettant à la portée de tous un mode nouveau de protection et de réparation des dommages éprouvés, très supérieur aux recours si souvent illusoires des temps anciens. »

Il est certain que depuis la rédaction de nos codes il s'est formé en matière d'assurances, une jurisprudence et une doctrine qui ont modifié sinon le principe de la responsabilité, du moins ses conséquences directes.

Les seules dispositions légales étaient celles édictées par le code de commerce relativement aux assurances maritimes, les premières pratiquées.

Lorsque les assurances terrestres, et d'abord celles contre l'incendie commencèrent à entrer dans les mœurs, une question délicate ne tarda pas à se poser,

Fallait-il appliquer en matière d'assurances terrestres le principe contenu dans l'article 351 du code de commerce, que l'assureur ne répond point de toutes pertes ou dommages provenant du fait de l'assuré ?

La doctrine inclinait en général pour l'affirmative, et c'est la solution adoptée par le répertoire de Dalloz édité en 1846 (V° assurances terrestres n° 114).

Cependant quelques auteurs, entre autres Toullier (1), restreignaient au dol et à la faute lourde la responsabilité de l'assuré, et c'est en ce sens que la jurisprudence était également fixée.

Cette solution s'imposait sous peine d'enlever toute portée pratique aux contrats d'assurance.

---

(1) T. XI, 214.

Il est certain, en effet, que les dangers les plus réels, contre lesquels on éprouve le besoin de se faire assurer ont leur cause dans le fait ou la faute de l'assuré lui-même, et non pas dans la force majeure. Un incendie par exemple provient le plus souvent de la faute, de la négligence ou de l'imprudence de l'assuré ou de ceux dont il répond.

Et cette considération s'applique à tous les risques qui font l'objet des assurances terrestres.

Sous l'influence de ces idées une modification profonde s'est faite dans l'opinion des auteurs (2); la doctrine a adopté le système de la jurisprudence et c'est celui auquel se rattache le supplément du répertoire de Dalloz (1887), revenant ainsi sur l'opinion précédemment émise dans le même ouvrage.

Ainsi on doit considérer actuellement comme un principe établi, que le contrat d'assurance peut apporter à l'assuré la garantie des conséquences de sa propre faute, pourvu bien entendu que cette faute ne soit pas une faute lourde ou une faute volontaire.

Un arrêt de la Cour de Lyon du 24 janvier 1860 va jusqu'à dire que le contrat d'assurance contre l'incendie a cette garantie pour objet.

La jurisprudence est allée plus loin encore.

Il a été jugé qu'en cas d'assurance contre les accidents du travail, le bénéfice de l'assurance doit s'étendre aux accidents qui ont pour cause ou révèlent une infraction de l'assuré aux règlements de police, lois et décrets, en tant

---

(2) Cf. not. Agnel. Assurance contre l'incendie.

que cette infraction n'a pas le caractère d'une faute lourde ou d'un acte dolosif.

Ainsi décidé par la Cour de Lyon relativement à une infraction aux règlements sur le travail des enfants dans les manufactures[1], et par la Cour de Cassation, au sujet d'un accident arrivé par suite d'une infraction au décret du 18 avril 1873 sur la manipulation du pétrole[2].

Mais l'assurance qui paraît le plus en contradiction avec le principe posé par l'article 1382 du Code civil, c'est l'assurance contre le recours des voisins. Ici ce n'est pas contre le cas fortuit, ou la force majeure que l'on s'assure. C'est en vertu de l'article 1382 seul et en faisant la preuve d'une faute que le voisin lésé peut agir contre l'auteur de l'incendie qui lui a été communiqué; l'assurance constitue bien ici la garantie de la faute personnelle.

S'il en est ainsi, pourquoi ne serait-il pas permis, au lieu de se décharger par une assurance de la conséquence de ses fautes, d'en stipuler l'irresponsabilité, en payant par exemple un supplément de salaire à ses ouvriers ou une indemnité à forfait à son voisin?

La raison de cette différence c'est que la responsabilité subsiste dans le premier cas, et disparaît dans le second. L'assurance contre les effets de la responsabilité diffère d'une stipulation de non garantie, en ce qu'elle ne supprime pas la responsabilité, elle la suppose au contraire pour en réparer les suites. Ce contrat étranger à la victime ne l'empêche pas de compter sur la réparation qui lui est

---

(1) Lyon, 17 février 1882. D. P. 1883. 2. 91. Confirmé en Cassation.
(2) Req. 18 avril 1882. D. P. 1883. 1. 261.

due, et qui est d'ordre public. Bien plus, avantageux pour l'auteur du dommage, il l'est aussi pour celui qui le subit, puisqu'il lui apporte un supplément de garantie.

Ce qui intéresse l'ordre public, c'est avant tout que le préjudice soit réparé. Le but de la loi, disions-nous plus haut, n'est pas de punir l'auteur de la faute, mais de l'obliger à indemniser celui qui en est la victime. Or ce but est atteint avec l'assurance, il ne l'est plus avec la stipulation de non garantie. C'est pourquoi elle doit être déclarée nulle comme contraire à l'ordre public.

On sait, pour p. ndre un exemple, que la jurisprudence reconnaît à la responsabilité des chefs d'industrie un caractère quasi délictuel. Et pourtant, la loi du 11 juillet 1868, qui a créé une caisse d'assurance pour les accidents résultant de travaux agricoles et industriels, admet, dans son article 15, les sociétés et établissements industriels à assurer leurs employés et ouvriers. Mais, dans l'exposé des motifs, et dans les rapports qui ont précédé cette loi, il a été reconnu que, si l'assurance contractée par les Compagnies industrielles ou les patrons pouvait alléger les conséquences de leur responsabilité, le droit commun qui assure à chacun la réparation du préjudice causé par la faute d'autrui conservait son empire et que les assurances contractées ne sauraient avoir pour effet de détruire la responsabilité des chefs d'industrie, qu'elles en atténueraient seulement les conséquences pécuniaires, et constitueraient sous ce rapport une sécurité aussi bien pour les personnes responsables que pour les personnes garanties[1].

_____

(1) Rapport du Baron de Beauverger. Cf. D. P. Note sur arrêt 14 mars 1877. 1877. 1. 449. DESJARDINS. *Droit Maritime*, II, n° 276.

II

Nous n'avons envisagé jusqu'à présent que la responsabilité délictuelle ou quasi délictuelle: voyons maintenant comment s'apprécie la responsabilité entre personnes unies par les liens d'un contrat.

Remarquons tout d'abord, qu'en l'absence même d'une faute, l'obligation existe ici en vertu du contrat même. Le créancier qui en réclame l'exécution n'a qu'une preuve à faire, celle de son droit de créance. On lui a promis telle chose ou telle prestation. Au débiteur au contraire incombe l'obligation de prouver qu'il est libéré (Article 1315). Il est présumé en faute par cela seul qu'il ne s'exécute pas. « Le défaut de s'acquitter d'un engagement est aussi une faute « qui peut donner occasion à des dommages-intérêts « dont on sera tenu[2] ».

Ce sera donc au débiteur à prouver qu'il n'est pas en faute.

Ce déplacement du fardeau de la preuve est particulier à la responsabilité contractuelle.

En est-il de même du principe posé par l'article 1150 du Code civil?

---

(2) Domat, *Lois civiles*, II, VIII, 4

« Le débiteur n'est tenu que des dommages-intérêts qui
« ont été prévus, ou qu'on a pu prévoir lors du contrat,
« lorsque ce n'est point par son dol que l'obligation n'est
« point exécutée. »

Expliquons-nous tout de suite sur la restriction relative
au dol.

Le dol est par essence en dehors de tout contrat; c'est
un délit dont l'auteur doit être puni, et c'est un des éléments de la punition que de réparer entièrement le préjudice causé.

Il faut attribuer le même caractère aux fautes graves;
elles doivent être assimilées au dol, *lata culpa dolo æquipa-
ratur*. Il y a en effet certaines négligences d'une gravité telle
que leur auteur doit être déclaré responsable de toutes
leurs conséquences comme il le serait de celles de son dol.

Ces cas exceptés, quelle sera la base des dommages-
intérêts. Elle nous est donnée par l'article 1150.

Celui par la faute duquel l'obligation n'a pu être exécutée ne sera tenu que des conséquences de l'inexécution
qu'il pouvait prévoir lors de la formation du contrat. En
un mot, il ne sera tenu que dans les limites de son consentement.

On ne devra donc faire entrer dans le calcul des dommages-intérêts que ce qui est la conséquence directe de
l'inexécution de l'obligation.

Ce n'est plus le préjudice causé, c'est seulement le préjudice prévu qui est ici la mesure de la réparation.

Quelle est d'autre part l'étendue de la responsabilité
contractuelle?

Sans entrer dans l'étude si délicate de la prestation des

fautes, et des diverses théories qui se sont fait jour à ce sujet, arrivons immédiatement au système adopté par le Code civil dans l'article 1137.

« L'obligation de veiller à la conservation de la chose
« soit que la convention n'ait pour objet que l'utilité de
« l'une des parties, soit qu'elle ait pour objet leur utilité
« commune, soumet celui qui en est chargé à y apporter
« tous les soins d'un bon père de famille. »

« Cette obligation est plus ou moins étendue relative-
ment à certains contrats, dont les effets à cet égard sont expliqués sous les titres qui les concernent. »

On s'accorde à reconnaître que cette réglementation est interprétative de la volonté des parties.

C'est dire qu'elle n'a pas un caractère d'ordre public, en général tout au moins.

Dans ces conditions les parties sont évidemment libres de restreindre ou d'étendre leur responsabilité.

L'article 1152 nous en donne un exemple. « Lorsque la
« convention porte que celui qui manquera de l'exécuter
« paiera une certaine somme à titre de dommages-intérêts,
« il ne peut être alloué à l'autre partie une somme plus
« forte ni moindre. »

De même, quoique l'article 1148 déclare qu'il n'y a pas lieu à dommages-intérêts lorsque l'exécution de l'obliga-
tion a été empêchée par cas fortuit ou par force majeure, l'article 1302 reconnaît valable la convention par laquelle le débiteur se serait chargé des cas fortuits.

Ainsi la volonté des parties peut s'exercer librement en ce qui concerne l'étendue de la responsabilité. Peut-elle aller jusqu'à supprimer cette responsabilité, et un débiteur peut-il stipuler qu'il ne sera pas responsable de sa faute ?

La jurisprudence et la doctrine sont presque unanimes à déclarer nulle toute stipulation de ce genre.

Cependant dans ces dernières années l'opinion contraire a été adoptée par quelques auteurs parmi lesquels on doit placer au premier rang M. Lyon-Caen l'éminent professeur de la Faculté de Paris.

C'est dans l'interprétation des textes romains que réside une grande partie de la difficulté.

Ulpien, loi 23 de Regulis juris s'exprime ainsi :

« *Contractus quidam dolum malum duntaxat recipiunt ; quidam et dolum et culpam.... sed hæc ita, nisi si quid nominatim convenit, vel plus, vel minus in singulis contractibus, nam hoc servabitur, quod initio convenit ; legem enim contractus dedit : excepto eo, quod Celsus putat, non valere, si convenerit ne dolus præstetur : hoc enim bonæ fidei judicio contrarium est : et ita utimur.* »

La loi du 27, § 3, *de Pactis* répète :

Illud nulla pactione effici potest, ne dolus præstetur [1].

M. Lyon-Caen prétend que c'est par une erreur séculaire que l'on interprète ces textes dans le sens d'une prohibition de toute stipulation de non responsabilité de la faute.

Les termes mêmes de ces textes ne comprennent que le dol, c'est relativement au dol et à la faute lourde que la stipulation est prohibée.

---

(1) Cf. Dig. Dep. l. 1. § 7 *nautæ caupones* l. 3. § 1. de Pactis l. 29.

M. Labbé, étudiant la question qui nous occupe, donne l'exemple suivant[2] à l'appui de cette théorie.

« Ulpien, par. 29 frag. 27 an Dig. IX. 2. *ad Legem Aquiliam* prévoit l'hypothèse suivante : Un ouvrier s'est chargé de façonner, de ciseler un vase, probablement en une matière précieuse et dure qui se taille au ciseau. Il est convenu, comme cela est d'usage relativement à ce genre de travaux sur des matières de grand prix, susceptibles de se briser, (cette remarque est d'Ulpien), il est convenu, disons-nous, de ne pas répondre de la fracture : *Non periculo suo se facere*, Sous les coups destinés à lui donner la forme de vase, le bloc de marbre se brise. L'artiste est-il responsable ? En l'absence de la clause de non garantie, il faudrait rechercher si l'ouvrier est ou non en faute : *si imperitia fregit vel non*. Mais sous l'empire de la convention supposée, il échappe en tout cas et à l'action locati et à l'action de la loi Aquilie : *quæ res* (c'est-à-dire le pacte d'irresponsabilité) *ex locato tollit actionem et Aquiliæ*. Le fait peut présenter les caractères de la faute aquilienne. La fracture peut être le résultat d'un coup porté par l'artisan, d'un acte positif à lui imputable. Si une faute accompagne ce fait actif et dommageable, si l'ouvrier n'a pas aperçu une veine apparente et de nature à entraîner la fracture sous un coup donné dans une certaine direction plutôt que dans une autre, s'il eût été possible avec plus de prudence, d'éviter l'accident et le dommage, toutes les conditions de la responsabilité aquilienne existent, et cependant par

---

(2) *Annales de droit commercial*. 1886-87, p. 185.

l'effet de la clause de non garantie, l'action de la loi Aquilie est éteinte ou paralysée. Cette décision d'espèce nous conduit à la théorie suivante : Entre personnes unies par un contrat, la responsabilité des fautes (le dol et la faute grave exceptés) est limitée à la mesure résultant du contrat, soit en vertu de sa nature, soit en vertu d'une clause accidentelle. L'action de la loi Aquilie subit cette limite, elle ne conserve son indépendance et la liberté de son allure propre que dans les rapports avec les tiers, entre personnes qui ne sont pas unies par un contrat... (Celui qui s'est mis, en vertu d'une convention, par la confiance du propriétaire, en rapport avec la chose de ce dernier), a son sort réglé par le contrat de même que sa situation spéciale a été créée par le contrat. Il peut tracer les conditions auxquelles il consent à s'occuper, à se charger de la chose d'autrui. Il peut tracer les conditions auxquelles il consent à s'occuper, à se charger de la chose d'autrui ; il peut étendre sa responsabilité jusqu'à y comprendre les cas fortuits, *periculum in se recipere* (Loi 13, § 5. Dig. *Locati* 19-2), il peut la restreindre jusqu'à s'exonérer de ses fautes le dol excepté, *non suo periculo rem facere* (Loi 27, § 29. Dig. loc. cit.)[1] »

Ce texte, malgré l'autorité qui s'attache à son savant interprétateur, ne nous paraît pas avoir la portée qu'on lui attribue.

---

(1) *Si calicem diatretum faciendum dedisti, si quidem imperitia fregit, damni injuria tenebitur: si (vero) non imperitia fregit, sed rimas habebat vitiosas, potest esse excusatus ; et ideo plerumque artifices solent, cum ejus modi materiæ dantur, non periculo suo se facere: quæ res ex locato tollit actionem et Aquiliæ.* Dig. XII, II, 27, 29. *Ad. Leg. Aquiliam.*

Il vise une hypothèse spéciale. Il s'agit d'un travail délicat, d'un travail d'art, à effectuer sur une matière affectée d'un vice propre qui rend ce travail plus délicat encore : c'est une extrême facilité à se briser. En cas de fracture il serait le plus souvent impossible de reconnaître s'il faut en attribuer la cause au vice propre de la chose ou à la maladresse de l'ouvrier. On comprend que dans ces conditions une pareille stipulation puisse valablement intervenir. Mais il s'agit d'une situation exorbitante du droit commun, et ce n'est pas sur un texte spécial et du reste unique que l'on peut élever une théorie générale.

Quelle que fût la portée de la prohibition dans l'esprit des jurisconsultes romains, il n'en reste pas moins qu'une tradition constante interprète les textes que nous avons cités comme s'appliquant à la faute aussi bien qu'au dol. C'est en ce sens que les interprétaient avant le Code civil, Emerigon et Pothier dans leur traité de l'assurance maritime. Ils s'en servaient pour justifier ce principe que l'assureur ne répond pas des conséquences de la faute de l'assuré.

« Il est évident, dit Pothier[1], que je ne puis valablement convenir avec quelqu'un qu'il se chargera des fautes que je commettrai, ce serait une convention qui inviterait *ad deliquendum.* »

Et tous les auteurs qui traitaient du droit maritime considéraient ce principe comme général et d'ordre public.

---

(1) *Contrat d'assur.* IV, p. 464, n° 65.

Il faut reconnaître que, avant le Code civil, l'erreur, si erreur il y a, était générale. Le législateur du Code n'a marqué nullement l'intention de déroger à cette tradition constante.

. Quoi que l'on puisse dire, c'est aujourd'hui un principe de notre droit, qu'il est contraire aux bonnes mœurs de s'exonérer par la convention des conséquences de sa faute.

« Les parties, dit M. Laurent[2] peuvent faire telles stipulations qu'elles veulent, mais à condition de ne pas déroger aux bonnes mœurs ; or c'est une condition immorale que celle qui dispense le débiteur de remplir ses obligations. »

C'est plus qu'une condition immorale, c'est une condition destructive de toute obligation.

Sans doute il faut respecter la liberté des conventions, mais cette liberté elle-même a des limites.

On objecte qu'il est permis de restreindre considérablement la responsabilité par une clause fixant à forfait les dommages-intérêts ; mais restreindre la responsabilité dans ses conséquences n'équivaut pas à la supprimer, au moins en droit.

Et n'y a-t-il pas quelque chose de choquant dans une stipulation d'irresponsabilité ?

Est-il vraisemblable qu'un créancier puisse consentir une semblable diminution de garantie, même moyennant une compensation pécuniaire ?

La première chose que l'on puisse exiger de celui avec

---

(2) XXV. 331.

qui l'on contracte, c'est qu'il exécute de bonne foi ses obligations ; or, quelle bonne foi peut-on attendre de celui qui ne consent à s'engager que si on l'exonère des conséquences de sa faute ?

En fait de semblables stipulations n'interviennent jamais que dans un seul contrat, le contrat de transport. Peut-être, est-ce le seul contrat où elles aient une utilité pratique, peut-être aussi est-ce le seul, où le contractant à qui on l'impose n'est pas toujours libre de la refuser, et cette dernière raison paraît de beaucoup la plus exacte.

Si je prétendais en louant un appartement répudier toute responsabilité quant aux risques locatifs, j'aurais peut-être de la peine à trouver un propriétaire qui consentît à me louer. On a toujours le choix de ses locataires.

Mais même la liberté des parties fût-elle absolue, il faudrait déclarer nulle toute stipulation de non garantie de la faute personnelle.

Ce principe d'ordre public que nous avons rencontré en étudiant la responsabilité de l'article 1382, domine également toute la théorie de la responsabilité contractuelle :

Tout homme est garant de son fait.

Et l'article 1147 n'est qu'une application de ce principe :

« Le débiteur est condamné, s'il y a lieu, au paiement de dommages et intérêts, soit à raison de l'inexécution de l'obligation, soit à raison du retard dans l'exécution, toutes les fois qu'il ne justifie pas que l'inexécution provient d'une cause étrangère qui ne peut lui être imputée, encore qu'il n'y ait aucune mauvaise foi de sa part. »

Le législateur en réglant la responsabilité contractuelle n'a pas seulement interprété la volonté présumée des parties, il s'est aussi référé à ce droit naturel qui établit que tout homme doit être responsable de ses actes. L'existence d'un contrat peut modifier la responsabilité, elle n'en change pas la base.

Nous repousserons donc en thèse générale avec la jurisprudence[1] et presque toute la doctrine les clauses d'irresponsabilités comme contraires à la loi et aux bonnes mœurs.

Il convient d'examiner maintenant si les règles particulières du contrat de transport viennent exceptionnellement autoriser de semblables stipulations, et si la responsabilité des transporteurs telle qu'elle est établie par la loi peut être modifiée par la convention des parties, en ce qui concerne la prestation de la faute personnelle du transporteur.

---

(1) Il a été jugé, notamment, par le Conseil d'Etat (arrêt du 11 août 1861 Glass Elliot et Cie, DP. 62, 3, 19), que la clause stipulée par l'Administration dans un marché passé avec un entrepreneur, portant que « le concours d'un bâtiment de la marine impériale, promis pour l'entreprise projetée, n'entraînerait contre l'Etat aucune espèce de responsabilité », ne saurait avoir pour effet d'affranchir l'Etat des conséquences de la faute commise par le commandant de ce bâtiment dans les conditions ordinaires du service, et qui a empêché l'accomplissement de l'opération ; qu'elle n'a pu avoir en vue que de l'affranchir des risques inhérents à cette opération même, l'assistance promise ne pouvant se concilier avec le droit pour l'Etat d'empêcher par l'incurie de ses agents, l'opération même pour laquelle elle était promise.

Il a été jugé de même que la clause par laquelle un propriétaire, en cédant à un entrepreneur de travaux publics le droit d'extraire des déblais sur une parcelle de terre lui appartenant, s'est obligé à le garantir de toutes les réclamations pouvant résulter du séjour de l'eau dans la parcelle déblayée, n'exonère pas l'entrepreneur des conséquences et de la responsabilité des fautes par lui commises dans l'exécution des travaux de déblais, telles que l'omission de certaines mesures préventives et sages, indiquées et même prescrites dans son cahier des charges.

(Civ. Cass. 19 août 1878. D. P. 1879, 1. 214.)

CHAPITRE II

—

I

Ni le Code civil, ni le Code de commerce, ne définissent le contrat de transport.

Le projet primitif du Code civil contenait cependant un article ainsi conçu :

« Le marché fait avec les voituriers par terre et par eau
« est un contrat mixte qui participe de la nature du contrat
« de louage et de celui de dépôt. »

Cet article fut supprimé, comme purement doctrinal sur l'observation du Tribunat; tel qu'il nous est conservé par les travaux préparatoires du Code civil, il constitue une indication précieuse pour interpréter notre législation en matière de transports.

Mais le législateur, suivant la tradition de notre ancien droit, ne s'est pas contenté d'appliquer au contrat de transport les règles du louage combinées avec celles qui régissent le dépôt.

« Quoiqu'il semble, dit Domat[1], que les engagements des hôteliers et des voituriers ne soient que les mêmes que ceux du louage et ceux du dépôt, puisque c'est par une espèce de louage qu'on traite avec eux, et qu'ils se rendent dépositaires de ce qui leur est confié; et qu'ainsi on n'ait pas besoin pour eux d'autres règles que de celles de ces deux espèces de conventions; la conséquence de la fidélité nécessaire dans ces sortes de professions les assujettit à d'autres règles qui leur sont propres. »

La loi fait donc aux voituriers, comme aux aubergistes, une situation spéciale à raison de leur profession même.

Les conventions se passent ordinairement de gré à gré entre les personnes qui veulent traiter ensemble; « et les engagements que forment ces conventions sont précédés d'une liberté réciproque qu'ont les contractants de traiter l'un avec l'autre et de se choisir; c'est-à-dire que si on ne peut s'accommoder avec une personne, on peut traiter avec une autre, ou s'abstenir de traiter ou de s'engager; mais il y a d'autres conventions où l'on n'a pas le choix des personnes, ni la liberté de s'abstenir de l'engagement, et où la nécessité oblige d'avoir affaire à de certaines personnes qui exercent des commerces publics, dont les lois par cette raison ont réglé les conditions, afin que ces personnes n'abusent pas de la nécessité où l'on est de traiter avec eux, et s'y confier[2]. »

Ces considérations, qui s'appliquent très justement à

(1) *Lois civiles*. Livre I, titre XVI

(2) DOMAT. *Lois civiles*. Livre I, titre XVI.

l'industrie exercée par les voituriers, n'avaient pas échappé
au Préteur romain, lorsqu'il rendit son édit sur la responsabilité des bâteliers, aubergistes et maîtres d'écurie :

ULPIEN, LIB. XIV, AD EDICTUM

Maxima utilitas est hujus edicti : quia necesse est plerumque
eorum fidem sequi et res custodiæ eorum committere. Nec quis-
quam putet graviter hoc adversus eos constitutum, nam est in
eorum, arbitrio, ne quem recipiant : et nisi hoc esset statutum,
materia daretur cum furibus adversus eos quos recipiunt coeundi :
cum ne nunc quidem abstineant hujus modi fraudibus [1].

Ainsi, avant le Code civil, une tradition constante sou-
mettait la responsabilité des voituriers à des régles particulières. Ces régles étaient celles qui régissent le dépôt
nécessaire, que l'on considérait comme les plus propres à
sauvegarder les intérêts du commerce.

Notre droit est resté fidéle à ce principe :

ART. 1782. « Les voituriers par terre et par eau sont
« assujettis pour la garde et la conservation des choses qui
« leur sont confiées, aux mêmes obligations que les
« aubergistes dont il est parlé au titre du Dépôt et du
« Séquestre. »

ART. 1952. « Les aubergistes ou hôteliers sont respon-
« sables, comme dépositaires, des effets apportés par le

---

(1) Dig. L. IV. T. IX. I. 1. *Nautæ, caupones etc.*

« voyageur qui loge chez eux; le dépôt de ces sortes d'ef-
« fets doit être regardé comme un dépôt nécessaire. »

Mais si la disposition légale consacre toujours pour le
voiturier cette aggravation de la responsabilité de droit
commun en matière de conventions, ce n'est peut-être
plus en vertu des mêmes motifs.

On a prétendu, et les textes sont loin d'y contredire,
que c'est dans un esprit de méfiance que le préteur romain
avait imposé aux bateliers cette lourde responsabilité. Il
paraît qu'on avait à Rome une assez mauvaise opinion de
ceux qui se livraient à ce genre d'industrie. En fait les
naulæ, comme aussi les *caupones* ou les *stabularii*, étaient
presque toujours des esclaves ou des gens de la plus basse
classe, et on les tenait en piètre estime. Leur probité était
souvent douteuse, on les jugeait fort capables de se rendre
complices de vols, et Ulpien, dans le texte que nous
avons cité, constate que même après l'Édit du préteur, il
se produisait des fraudes de ce genre. Est-il utile de dire
qu'il n'y a plus à tenir compte de ce motif?

Les transports par voie de terre ou de mer sont effectués
de nos jours, en général, par des Compagnies souvent fort
riches, et si l'on a quelquefois à se plaindre de la négligence
des transporteurs, on n'a ordinairement aucune raison de
douter de leur probité.

Mais l'autre considération, celle tirée du caractère obligatoire des services du transporteur, est, par contre, plus
puissante que jamais.

En fait, sinon en droit, les transports sont presque toujours monopolisés entre les mains de quelques grandes
Compagnies. Le choix de l'expéditeur peut rarement

s'exercer avec liberté ; il est donc juste qu'il puisse trouver dans la loi les garanties qu'il ne lui est pas possible de s'assurer.

Dans l'Antiquité et au Moyen-Age les marchands voyageaient avec leurs marchandises, du moins le plus souvent ; il leur était facile de sauvegarder leurs intérêts. Cet usage n'existe plus de nos jours ; la multiplication des moyens de transports, la facilité des relations entre les peuples jointes au développement du commerce ont complétement changé la forme des affaires. Les négociants sont obligés de confier leurs marchandises aux Compagnies de transports et de renoncer à toute surveillance une fois qu'ils en ont fait la remise.

Ainsi tout contribue à rendre nécessaire une réglementation plus étroite de la responsabilité du transporteur.

Les articles fondamentaux en la matière sont les articles 1784 du Code civil et 104 du Code de commerce.

Art. 1784. « Ils (les voituriers) sont responsables de « la perte et des avaries des choses qui leur sont confiées « à moins qu'ils ne prouvent qu'elles ont été perdues et « avariées par cas fortuit ou force majeure.»

L'article 103 du Code de commerce n'est qu'une répétition de l'article 1784 du Code civil [1].

Si nous cherchons quel est le principe sur lequel a été établi la loi relative aux voituriers et par conséquent à tous

---

(1) Art. 103. Le voiturier est garant de la perte des objets à transporter, hors les cas de force majeure. Il est garant des avaries autres que celles qui proviennent du vice propre de la chose.

les transporteurs, nous trouvons que c'est de procurer la plus grande somme de soins et de diligence dans l'accomplissement de leur devoir.

Ce résultat a été obtenu en imposant au transporteur les mêmes obligations qu'au débiteur d'une chose certaine, et en le soumettant aux mêmes règles en ce qui concerne sa libération et les moyens de la prouver.

C'est pourquoi l'article 1784 n'est qu'une application des principes posés dans les articles 1302 et 1315.

Comme on est dans la nécessité de confier la chose au transporteur et de s'en remettre à sa vigilance, la loi le considère comme débiteur de la chose; et comme, en outre, ses services sont en quelque sorte obligatoires, que, le plus souvent, le choix ne peut s'exercer librement, et qu'il est cependant de l'intérêt de tous que les transports soient effectués et le soient dans de bonnes conditions, la loi soumet la responsabilité du transporteur, qui intéresse l'ordre public, à des règles plus étroites que celles d'un simple dépositaire, débiteur lui aussi d'une chose certaine. La loi, avons-nous vu, assimile le dépôt fait entre les mains du transporteur à un dépôt nécessaire, et tandis qu'en règle générale, l'obligation de veiller sur une chose oblige seulement celui qui en est chargé à y apporter tous les soins d'un bon père de famille, le transporteur dépositaire nécessaire sera responsable de sa faute la plus légère.

Et il ne peut raisonnablement se plaindre de cette aggravation dans sa responsabilité, puisqu'il ne tenait qu'à lui de ne pas faire ce métier; car si l'on est parfois obligé de faire transporter des marchandises, on n'est jamais obligé de se charger du transport (*nam est in ipsorum arbi-*

trio ne quid recipiant). Mais dès lors que l'on se livre à une industrie soumise par la loi dans un intérêt général à une réglementation spéciale, on aurait mauvaise grâce à vouloir se soustraire aux devoirs essentiels de sa charge. Mais ce serait encore se faire une idée incomplète de la responsabilité qui pèse sur les transporteurs, que de lui donner pour seul fondement les considérations que nous venons de mettre en lumière.

Il ne faut pas craindre de pousser plus loin l'analyse.

Nous connaissons la règle romaine conservée par une tradition constante, efforçons-nous d'en découvrir le véritable motif.

Il ne s'agit pas ici de faire un travail historique.

Mais c'est seulement en indiquant le résultats qu'il fallait obtenir que nous pourrons montrer le but de la règle et par conséquent sa portée.

Cette question a préoccupé les jurisconsultes allemands, et ils ont apporté dans cette étude ces habitudes de recherches consciencieuses et de raisonnement rigoureux qui caractérisent la science juridique de l'autre côté du Rhin.

Dans un remarquable travail qui fait autorité en la matière[1], M. A. Exner, professeur à l'Université de Vienne, a fait ressortir avec beaucoup de précision le principe sur lequel on doit réellement établir la responsabilité des transporteurs.

La raison d'être du caractère tout spécial de cette responsabilité réside, selon lui, dans la difficulté où se

---

(1) *Théorie de la responsabilité dans le contrat de transport.*

trouve régulièrement tout particulier obligé de faire usage de ses droits à l'encontre de ces entreprises de transport dont l'organisation est si compliquée.

« C'est, dit-il [1], une vérité qui court les rues que l'efficacité pratique de nos droits dépend de la preuve des faits qui leur servent de base. Si je suis hors d'état de prouver ces faits, c'est en vain que j'aurai les plus beaux droits du monde. Je resterai livré à la bonne volonté de mon débiteur, c'est-à-dire que je n'aurai aucun droit utile. Le droit devient de plus en plus problématique à mesure que la preuve en est plus difficile.

Les raisons et les degrés de cette difficulté varient à l'infini. Ils peuvent être subjectifs et dépendre de circonstances personnelles au créancier, ou objectifs et se rattacher à la nature des preuves ou des faits à prouver. Tantôt, comme dans la matière de la constitution des servitudes, il s'agira de faits éloignés dans le temps, ou, comme dans celle de la filiation, de circonstances impossibles à constater.

En principe, c'est le créancier qui doit supporter les conséquences de ces difficultés de preuve. Mais, dès les temps anciens, on a imaginé des palliatifs pour venir au secours du créancier présumé dans certains cas où cela a paru nécessaire. C'est à ce résultat que tendent non seulement certains moyens de procédure, comme le serment d'évaluation, mais aussi des règles qui tiennent au fond du droit. Telles sont la prescription, la Publicienne, les présomptions civiles par le moyen desquelles une certaine

---

[1] Op. cit. traduction de M. Seligmann, p. 74.

vraisemblance est tenue pour vérité quand la preuve des faits rencontre des obstacles devant lesquels le législateur ne veut pas laisser échouer le droit.

D'autres difficultés sont aussi considérables que celles que l'on rencontre dans la preuve des faits. Ce sont celles relatives à la découverte des faits à prouver. Une telle situation se présente tous les jours quand un préjudice est causé par un auteur inconnu ou introuvable. Si l'auteur est connu et trouvé, l'embarras peut venir de ce que nous ne connaissons pas, dans leur ordre, la série des faits décisifs. Si nous les connaissions, nous pourrions les prouver. Ce ne sont pas les moyens de preuve qui nous manquent, mais les moyens de savoir ce qui est à prouver.»

L'expéditeur se trouve certainement à l'égard du transporteur en présence de ces difficultés de preuve.

Celui qui livre sa marchandise, à un transporteur par mer, par exemple, la voit disparaitre dans les flancs du navire ; elle tombe, là, dans les rouages d'un mécanisme dont le contrôle est impossible. Après des transbordements et des manipulations multiples qui ont leurs dangers particuliers et exigent des précautions spéciales, sans parler des difficultés relatives à la conduite du navire, le colis arrive au port en bon ou en mauvais état.

La situation est identique s'il s'agit d'une expédition par chemin de fer,

L'expéditeur se trouve, dans tous les cas, en face de difficultés insurmontables, s'il cherche à connaître la cause primordiale, simple fait ou faute, du préjudice qu'il a subi.

On objectera que l'obligation de la preuve ne lui

incombe pas, et que c'est le transporteur, débiteur en vertu du contrat, qui aura la charge de tirer les choses au clair.

Cette distribution du fardeau de la preuve constitue, sans doute, un secours pour l'expéditeur ; mais on se ferait illusion si l'on considérait ce secours comme suffisant.

En fait, et cela même sans mauvaise foi, le transporteur en recherchant la cause de l'avarie ou de la perte, cause plus ou moins lointaine et complexe, ne verra jamais dans le fait d'où résulte le dommage que ce qu'il peut avoir de fortuit et non pas ce qui tient au vice du matériel ou à la négligence de service, à sa faute par conséquent.

Connaissant seul le mécanisme compliqué de son entreprise, il est aussi le seul à avoir les moyens d'action nécessaire pour arriver à la découverte de la vérité. Seul, il pourrait faire ressortir la faute qu'il a commise, et ce serait une bien grande abnégation de sa part que de la signaler.

Le demandeur, qui n'a pas suivi les choses de près, qui ne connaît du transport que le fait initial, la remise de la marchandise, et la terminaison, la réception, qui ne connaît même en cas de perte que le fait initial seul, va se trouver déchu de son droit dans la plupart des cas, si la loi ne vient pas à son secours.

Ce secours consiste dans une responsabilité spéciale dérivant pour le transporteur de la remise qu'on lui a faite de la chose, dans une responsabilité *ex recepto*.

Le risque de la chose est mis à la charge du transporteur par un motif d'utilité générale, dans un but de protection du public.

Il ne suffisait pas pour cela de faire peser sur le transporteur une présomption de faute qui n'aurait aucune signification puisque la preuve incombe au défendeur. Une aggravation de la responsabilité au-delà de la diligence ordinaire demeure sans portée, la preuve du cas fortuit restant libératoire. Une seule mesure restait possible, « l'élimination de la question de faute obtenue au moyen de l'établissement de la responsabilité générale de l'entreprise. »

Et cette responsabilité, à l'origine, s'étendait même aux cas exceptionnels, à la force majeure.

« Je donnerai action contre les bateliers, dit le Préteur, s'ils ne rendent pas ce qu'ils ont reçu. »

C'est cette aggravation exceptionnelle de responsabilité, injuste même, qui donnait à l'édit du Préteur, ce caractère de législation volontairement malveillante pour le voiturier, que nous avons précédemment signalé et expliqué.

Mais déjà, à l'époque classique, on revient à une plus juste appréciation des choses. On écarte la responsabilité du cas fortuit ou de la force majeure, pour donner au principe la portée qu'il a conservée jusque dans les législations modernes.

Avec cette restriction le principe est absolu. Le batelier, dit Paul, a l'action *furti* puisqu'il court le risque du vol, et Ulpien déclare : Si les choses qu'il a reçues ont péri, c'est à son risque[1].

Cette manière de voir est encore aujourd'hui la seule exacte.

---

(1) L. 4 pr., L. 3 pr. D. Nautæ. 4. 9.

Le législateur français, adoptant la tradition ancienne, l'a certainement adoptée avec toute sa portée.

Ce système revient en résumé à déclarer le transporteur responsable de plein droit, comme une sorte d'assureur toutes les fois qu'il n'y a pas cas fortuit ou de force majeure.

Et quelque exorbitante du droit commun que puisse paraître au premier abord une semblable conception de la responsabilité des transporteurs, il ne faut pas hésiter à la considérer comme conforme à notre législation et à une tradition aussi ancienne que les transporteurs eux-mêmes.

II

Telle est, en dernière analyse, la situation que la loi fait aux transporteurs.

Peuvent-ils la modifier par la convention ?

Peuvent-ils notamment stipuler qu'ils ne seront pas responsables de leur faute?

Nous avons vu qu'une tradition constante considérait comme nulle toute convention de ce genre.

Ces motifs d'intérêt général que nous venons d'exposer, et qui ont inspiré notre législation en matière de transports, s'opposent avec plus de force encore à toute restriction conventionnelle de la responsabilité du voiturier.

Bien plus, le texte même de la loi fournit un argument puissant contre la validité de la clause d'exonération.

Nous avons vu que l'article 103 du Code de Commerce n'est qu'une application au voiturier commerçant des dispositions de l'article 1784 du Code civil.

L'article 98 du même Code de Commerce contient une disposition analogue à l'égard des commissionnaires de transports.

Art. 98. — « Il (le commissionnaire pour les trans-« ports) est garant des avaries ou pertes de marchandises « et effets, s'il n'y a stipulation contraire dans la lettre de « voiture, ou force majeure. »

La disposition est analogue, elle n'est pas identique. L'article 98 contient ces mots : s'il n'y a stipulation contraire ; l'article 103 ne contient rien de semblable. Cette différence de rédaction, certainement voulue, implique l'impossibilité, pour le voiturier, de stipuler qu'il ne sera pas garant des avaries ou de la perte, en un mot qu'il ne sera pas responsable de sa faute.

« Il y a, en effet, un principe de droit qui dit que nul ne peut stipuler qu'il ne sera pas responsable de sa faute ou même simplement de son fait. Mais le commissionnaire, qui n'opère pas le transport lui-même peut très bien et très régulièrement stipuler qu'il ne répondra pas de la faute ou du fait des voituriers qui transporteront les marchandises [1]. »

Et M. Alauzet [2] fait remarquer très justement que c'est peut-être le seul cas où il soit utile de distinguer l'entrepreneur de transports du voiturier.

Cette différence de situation paraît toute naturelle, si l'on remarque que les entrepreneurs de transports, comme

---

(1) Duverdy. *Traité de contrat de transport*, p. 54.
(2) Alauzet. *Commentaire du Code de Commerce*, n° 467.

tous les expéditeurs, sont en général obligés de recourir aux services de certains transporteurs dont le choix leur est en quelque sorte imposé. Dans ces conditions, pourvu toutefois qu'il soit établi qu'ils se sont acquittés de leur mieux de leur obligation consistant à faire choix d'un transporteur, il n'y a pas d'inconvénient à les autoriser à décliner toute responsabilité quant aux conséquences ultérieures du transport.

Cet argument tiré de la comparaison des articles 98 et 103 du Code de Commerce est valable quelle que soit la nature du transport effectué, par terre ou par eau.

La faveur même qui s'attache au commerce maritime ne doit pas nous amener à faire sur ce point une situation spéciale à l'armateur.

Les risques inhérents à ce genre de transports, la difficulté plus grande de surveillance, la facilité de la fraude, autant de motifs, au contraire, pour accorder aux expéditeurs le plus de garanties possibles.

Aussi la loi ne s'est-elle pas contentée de la responsabilité de l'armateur; elle a considéré le capitaine lui-même, fût-il un simple préposé, comme un transporteur et l'a soumis, comme tel, à toutes les obligations des voituriers.

L'article 222 du Code de Commerce le déclare expressément responsable des marchandises dont il se charge.

Les chargeurs ont ainsi deux recours; et cela est juste, puisqu'ils font confiance à l'occasion du même transport à deux personnes différentes, le propriétaire du navire, et le capitaine.

Et en dehors des raisons d'ordre général ou spécial, qui s'opposent à toute stipulation de non garantie de la part des transporteurs, il existe un motif tout particulier pour proscrire de semblables clauses dans les connaissements et chartes-parties.

Ce motif nous le trouvons dans les articles 351 et 352 du Code de Commerce.

ARTICLE 351. — « Tout changement de route, de voyage, « ou de vaisseau, et toutes pertes ou dommages provenant « du FAIT DE L'ASSURÉ, ne sont point à la charge de l'assu- « reur; et même la prime lui est acquise s'il a commencé « à couvrir les risques. »

ARTICLE 352. — « Les déchets, diminutions et pertes « qui arrivent par le vice propre de la chose, et les domma- « ges causés par le FAIT et FAUTE des propriétaires, affré- « teurs ou chargeurs, ne sont point à la charge des « assureurs. »

C'est la reproduction du principe posé par l'article 27 du Titre VI du Livre III de l'Ordonnance d'août 1681 sur la Marine[1].

Ainsi l'assurance maritime ne peut couvrir les consé- quences de la faute personnelle; elle est destinée unique- ment à diminuer les risques de la navigation, et ceux là seulement qui sont propres à la navigation. Ce principe,

---

(1) Article 27. — Si toutefois le changement de route, de voyage ou de vaisseau, arrive par ordre de l'assuré, sans le consentement des assureurs, ils seront déchargés des risques ; ce qui aura pareillement lieu en toutes autres pertes et dommages qui arriveront par le fait ou la faute des assurés, sans que les assureurs soient tenus de restituer la prime, s'ils ont commencé à courir les risques.

4

avons nous dit, doit être considéré aujourd'hui comme spécial à l'assurance maritime.

Il n'en résulte pas moins, qu'en admettant même, et cela est fort discutable, qu'une corrélation existe entre le contrat d'assurance, d'une part, et de l'autre la stipulation de non garantie de la faute personnelle, il découle de la nullité de l'assurance en cette matière, la nullité de la clause.

Et cette rigueur du droit maritime se justifie aisément.

Dans les transports maritimes la vie humaine est presque toujours en jeu. Les navires transportent aussi bien les voyageurs que les marchandises; on ne saurait donc exiger trop de prudence et de vigilance de l'armateur et du capitaine. Ce serait aller à l'encontre de ce but, que de leur permettre de s'exonérer, de quelque façon que ce soit, des conséquences de leur fait ou de leur faute.

Des raisons analogues doivent faire décider de même en ce qui concerne les transports par terre, par voie fluviale, et surtout par chemin de fer.

Les commentateurs de l'ordonnance de 1681 étaient unanimes à reconnaître la nécessité de cette restriction et sur sa portée.

Valin, sous cet article s'exprime ainsi :

« Par le fait ou la faute des assurés. Ou de leurs préposés, agents ou facteurs; et cela sans qu'aucune clause puisse valablement charger les assureurs des dommages qui arriveraient de cette manière. Une telle clause en effet serait absurde, illusoire et frauduleuse.

Pacta non sunt servanda quæ ad deliquendum provocant, leg. 5, ff. de pactis dotalibus. »

Et sous l'article suivant il dit encore :

« Quoique, par la police d'assurance, les assureurs soient chargés de la baraterie de patron, la clause n'opère rien, si c'est le propriétaire lui-même qui monte son navire, et si c'est le maitre qui est assuré.

Illud nulla pactione effici potest ne dolus præstetur. Leg. si unus, 27, § 3, ff. de pactis. »

« L'assureur, dit Pothier [1], peut faire cette convention non seulement avec les marchands, mais même avec l'armateur, pourvu néanmoins que l'armateur ne monte pas lui-même son vaisseau, car il est évident que je ne puis pas valablement convenir avec quelqu'un qu'il se chargera des fautes que je commettrai ; ce serait une convention qui inviterait *ad deliquendum*. Mais quand même le patron serait le fils de l'armateur, l'armateur peut valablement convenir que l'assureur sera chargé de la baraterie du patron, de même que si le patron était un étranger. »

Emerigon est plus affirmatif encore [2]. « Il est donc certain que les assureurs ne répondent jamais des dommages et des pertes qui arrivent directement par le fait ou la faute de l'assuré lui-même. Il serait en effet intolérable que l'assuré s'indemnisât sur autrui d'une perte dont il serait l'auteur.

Cette règle dérive des premiers principes. Elle est consignée dans la loi *cum proponas, 3, C. de nautico fænore.* Elle

---

(1) *Traité du Contrat d'assurance.* IV, nº 65.
(2) *Des assurances,* ch. XII, sect. II, 1.

est appliquée au contrat d'assurance par le *Guidon de la Mer*, ch. IX, art. 8. Elle est répétée dans tous nos livres :

Si casus eveni! culpa assecurati, non teneatur assecuratores, SCACCIA, I, quest. I, n° 154. — LOCCENIUS, lib. II, cap. V, n° 5 et 10. — STRACCHA, *De Assecur.*, gl. 31, n° 4. — DE LUCA, *De credito. Disc.* 106, n° 3. — CASAREGIS, disc. I, n° 75 et 76. — ROCCUS, not. 22, etc.

C'est ici une règle générale à laquelle il n'est pas permis de déroger par un pacte contraire : *Nulla pactione effici potest ne dolus praestetur. L. 27. 3. de Pactis.* »

« Si l'assuré commande lui-même le navire, dit-il encore[1], il est évident que les assureurs ne répondent jamais vis-à-vis de lui-même de sa propre baratterie. *Nulla pactione, etc...* *Guidon de la Mer*, ch. XV. art. 4... Mais le pacte serait bon au sujet de la baratterie des mariniers à laquelle le capitaine assuré n'aurait point participé. »

Telle est encore la doctrine généralement admise[2].

On peut donc considérer comme un principe de notre droit qu'il est impossible au transporteur de s'exonérer de la responsabilité de sa faute.

M. Pardessus croit cette clause sans valeur car, dit-il, nul ne peut stipuler qu'il ne répondra pas de ses fautes et de ses délits (*Droit comm.*, II, n° 542).

« En résumé, dit M. Sourdat, nous considérons comme sans valeur les stipulations qui exonèrent le transporteur

---

(1) *Des assurances*, ch. II, sect. III, 4me question.

(2) Cf. entre autres : BOULAY-PATY, *Dr. comm. marit.*, II, s, 27, p. 213; BÉDARRIDE, *Comm. marit.*, t. IV, n° 1260; ALAUZET, *Comment. du Code de comm.*, t. VI, n° 2129; E. CAUVET, *Traité des assurances terrestres*, I, n° 313; DENIS WEIL, *Des assurances marit. et des avaries*, n° 145.

de la responsabilité que lui imposent les articles 1784 et autres (97 et 103 *Code comm.*) ci-dessus indiqués, en échange d'un simple abaissement de prix ou autre condition semblable » (*Responsabilité*, ii, n° 995).

« Le voiturier est, sauf les causes d'excuses admises par la loi, responsable de la perte et des avaries des choses qui lui ont été confiées, nonobstant toute convention contraire. A plus forte raison demeure-t-il responsable, bien que dans des prospectus ou annonces publiques il ait déclaré ne vouloir se charger d'aucune responsabilité (Aubry et Rau, iv, par. 373, pag. 521).

Cependant MM. Lyon-Caen et Renault, dans leur savant *Traité de droit commercial*, s'élèvent hautement contre cette opinion qu'ils considèrent comme le résultat de cette erreur séculaire qu'ils dénoncent, et qui consiste à appliquer à la faute même légère un principe qui ne serait posé en droit romain que pour le dol et la faute lourde.

Mais, en admettant même que cette erreur ait réellement été commise, la volonté du législateur n'en est pas moins formelle. Il est tombé lui aussi dans l'erreur traditionnelle, mais les dispositions qu'il a édictées fussent-elles fondées sur une erreur n'en existent pas moins, et il faut les accepter avec toute la portée qu'elles avaient lorsqu'elles ont été rédigées. La loi, justifiée ou non, reste toujours la loi, et les interprètes ne peuvent que l'apprécier. Seul, un nouveau législateur pourra, s'il y a lieu, corriger l'erreur du premier.

M. Lyon-Caen lui-même[1] reconnaissait, en 1877, que la

---

(1) *Revue critique*, 1877, p. 143.

clause d'exonération était contraire à l'ordre public; il se contentait alors de réclamer pour l'armateur le droit de s'exonérer de la responsabilité des fautes du capitaine.

Converti plus tard à la théorie séduisante mais dangereuse dont M. de Courcy[1] s'était fait le protagoniste éloquent, il a voulu, par une conséquence logique, étendre au transporteur cette faculté qu'il reconnaissait à tous contractants de s'exonérer de leur faute.

Nous ne saurions nous abriter, pour repousser cette opinion, sous une autoirté plus puissante que celle de l'éminent continuateur de M. Demolombe, M. Guillouard[2].

Après avoir posé la question qui nous occupe et indiqué que MM. Lyon-Caen et Renault se prononcent pour la validité de la clause, il continue en ces termes :

« Au point de vue pratique (ce système) serait destructif de toute sécurité pour l'expéditeur : quelle confiance en effet pourrait-on avoir dans la vigilance et les soins d'un voiturier et d'agents irresponsables, n'ayant aucun intérêt à remettre au destinataire des marchandises en bon état, ou les débris des marchandises expédiées? L'ordre public est, à notre avis, très sérieusement en jeu, et la stipulation doit être annulée par l'application de l'article 6 du Code civil.

... Les savants jurisconsultes dont nous combattons l'opinion reconnaissent, en droit, la nullité de la clause dans la limite où elle exonèrerait le voiturier de son dol ou de sa

---

(1) *Questions de droit marit.* 2ᵐᵉ série, p. 75.
(2) *Du louage*, II, n° 761, p. 289.

faute lourde. Cette concession nous paraît dangereuse pour
le système entier par un double motif : le premier, qu'il
sera très difficile de tracer la ligne de démarcation entre la
faute lourde dont le voiturier sera toujours responsable et
la faute légère dont il ne répondra pas; le second, que si
l'on reconnaît que la responsabilité du voiturier est de l'essence du contrat de louage lorsqu'il s'agit de faute lourde,
nous ne voyons pas bien comment on peut lui permettre
de s'exonérer de ses fautes légères, car l'article 1784, qui
forme la règle, pose en termes absolus le principe de la
responsabilité. »

Nous conclurons donc en disant que toute clause par
laquelle un transporteur prétend s'exonérer de sa faute personnelle, est à la fois contraire à la loi et à l'ordre public,
et doit être déclarée nulle en vertu de l'article 6 du Code
civil.

III

Nous avons vu que la rigueur des principes conduisait
à tenir pour nulle toute clause exonérant le transporteur de
la responsabilité de sa faute.

Mais, dans la pratique, ce n'est pas sous cette forme bru-
tale que se présentent les clauses d'exonération.

Les transporteurs, en général, se contentent de stipuler
qu'ils ne seront pas responsables des avaries et déchets de

route, ou même de certaines avaries seulement par exemple le bris ou le coulage.

Même sous cette forme atténuée les clauses d'exonération furent d'abord déclarées nulles par la doctrine[1].

Et c'est également dans ce sens que se prononçait la jurisprudence.

Par arrêt du 21 janvier 1807[2], la Cour de Cassation a déclaré que le Tribunal de commerce de Pau n'avait violé aucune loi et avait par conséquent bien jugé en décidant que la clause qu'un entrepreneur de roulage avait introduite dans une lettre de voiture, rédigée par lui, pour stipuler qu'il ne garantirait ni le bris ni le coulage, était nulle, et que le voiturier ne pouvait valablement arguer de l'acceptation tacite de cette condition par l'expéditeur.

La Cour d'Alger rendit le 16 décembre 1846 un arrêt analogue en matière de transport par mer[3].

Nous laissons de côté, pour le moment, des décisions semblables rendues en matière de chemins de fer, nous réservant de traiter à part, vu la spécialité du sujet, ce qui a trait aux clauses de non garantie relativement à ce genre de transport.

Cette manière de voir, entièrement conforme aux principes que nous avons posés, se modifia insensiblement sous l'influence de Troplong[1].

---

(1) Cf. notamment DUVERDY, *Contrat de transport*, 50, et les autorités citées plus haut.

(2) SIREY, 1807, I, p. 138, *J. Palais*, à sa date.

(3) *Journal du Palais*, 1847, II, 300.

(1) *Du louage*, III. n° 942.

Après avoir remarqué que le voiturier doit pour dégager sa responsabilité faire la preuve du cas fortuit, de la force majeure ou du vice propre de la chose, il continue en ces termes :

« On peut se demander si le voiturier pourrait puiser un autre moyen de défense dans une convention qui le déclarerait irresponsable pour fait de bris ou de coulure.

M. Pardessus croit cette clause sans valeur, « car, dit-il, nul ne peut stipuler qu'il ne répondra pas de ses fautes ou de ses délits ».

Je ne partage pas cette opinion dans toute son étendue.

Sans doute toute convention qui affranchirait le voiturier des soins qui excluent la faute, serait immorale et inadmissible, et je suis le premier à penser que le voiturier ne pourrait trouver son refuge dans un tel moyen. Oui ! il faut le reconnaître : quels que soient les termes du contrat, la force majeure seule peut excuser, et s'il est prouvé que le bris et la coulure ont eu lieu sans force majeure, le voiturier devra indemniser l'expéditeur. Mais qui prouvera la force majeure ? Sera-ce le demandeur en nullité de la convention, ou le voiturier ? C'est ici le point faible ou incomplet de l'opinion de M. Pardessus. Car enfin que prétend le demandeur ? Que la convention est nulle parce qu'elle affranchit le voiturier de la responsabilité de la faute ? Mais le voiturier ne soutient pas qu'elle est valable sous cette couleur. Il consent à répondre de sa faute ; mais il dit que c'est à son adversaire à prouver qu'il a été négligent ; car il est demandeur en nullité, et pour prouver la nullité du contrat, ou l'inutilité de la convention, il faut qu'il arrive jusqu'à établir que ce n'est pas la force majeure qui a causé l'avarie. »

Cette argumentation a eu trop d'influence sur la solution de la question qui nous occupe pour ne pas mériter un examen attentif.

Remarquons d'abord qu'elle a pour adversaires les partisans de la validité absolue des clauses d'exonération [1].

Ils lui font ce reproche, assez fondée du reste, qu'elle dénature absolument la convention des parties sous prétexte de l'interpréter. On fait dire au voiturier le contraire de ce qu'il a voulu dire. Il a déclaré très clairement qu'il ne serait pas responsable du bris et de la coulure, et on décide qu'il sera néanmoins responsable s'il est en faute.

C'est là, comme le dit fort justement M. Lyon-Caen, une interprétation toute divinatoire.

Bien plus c'est une violation de ce principe ; en aucune matière le juge ne peut modifier, sous prétexte d'interprétation, une disposition claire, précise, ne portant pas à l'équivoque [2].

Sans doute il est pénible de refuser toute valeur à une convention formelle, mais le désir d'attribuer une efficacité quelconque à la volonté des parties ne doit pas conduire à leur prêter une intention illégale. La liberté des conventions a des limites qu'il n'est pas permis de dépasser, ce sont celles posées par la loi dans un intérêt d'utilité générale.

A première vue la clause d'exonération, ainsi interprétée,

---

(1) Cf. notamment. D. P. 1890. 1. 209. Note de M. Sarrut.
(2) Civ. Cassation, 26. 24 décembre 1888. — D. P. 1889. 1. 168 et 415.

paraît parfaitement licite. Elle ne fait évidemment que replacer les parties dans la situation où elles se trouveraient en l'absence de tout contrat. L'expéditeur qui l'a consentie n'agit plus en vertu de l'art. 1784, mais en vertu de l'article 1382; la responsabilité contractuelle est écartée et l'expéditeur doit, comme en droit commun, faire la preuve de la faute qui lui a causé le préjudice dont il réclame la réparation.

Mais que devient dans ce système le principe d'intérêt public qui sert de base à la responsabilité du transporteur. Sans doute un particulier peut toujours renoncer à un droit qui lui est accordé par la loi, mais à la condition cependant que ce droit ne lui ait pas été accordé par une disposition légale touchant à l'ordre public.

Nous avons démontré précédemment à quelles considérations d'intérêt général et d'ordre public avait obéi le législateur en établissant la responsabilité des transporteurs sur des bases exorbitantes du droit commun, on ne saurait reconnaître au transporteur, même avec l'assentiment de l'expéditeur, la faculté de modifier la situation qui lui est faite, en vue d'un résultat spécial, par une disposition expresse de la loi.

Quoi qu'il en soit, les auteurs qui refusent au transporteur le droit de stipuler qu'il ne sera pas responsable de sa faute, s'accordent en général à reconnaître aux clauses d'exonération la portée que leur attribuait Troplong.

« On peut donner, dit Laurent, un autre sens à la stipulation de non garantie, c'est que le voiturier répond à la vérité de sa faute, mais que ce sera à l'expéditeur de prouver la faute. En ce sens la stipulation est valable, car les parties sont libres de diminuer l'étendue de l'obligation de garantie [1]. »

« La clause de non garantie, dit également M. Guillouard, n'a qu'un seul effet celui de déplacer le fardeau de la preuve : le voiturier ne sera plus responsable de plein droit comme il l'est sous l'empire de l'article 1784, de toutes les pertes ou avaries survenues en cours de transport, et il faudra que le propriétaire des objets expédiés fasse la preuve de la faute du voiturier ou de ses agents ; mais une fois cette preuve faite, le voiturier sera responsable comme si la clause de non garantie n'avait pas été stipulée par lui [2]. »

La conséquence de ce revirement de la doctrine que nous venons de signaler, revirement bientôt suivi par la jurisprudence, fut naturellement d'encourager les transporteurs dans leurs tentatives pour modifier la responsabilité que leur impose la loi.

Les transporteurs par voie de terre ou voie fluviale stipulent rarement des clauses d'exonération, la raison en est dans la concurrence d'une part, et de l'autre dans l'importance aujourd'hui bien réduite de ce genre de transports.

Mais les Compagnies de navigation investies d'un monopole de fait sinon de droit, moins gênées par la concurrence insèrent presque toutes dans leurs connaissement des clauses d'exonération.

Ces clauses sont quelquefois extrêmement détaillées,

---

(1) Tome XXV, n° 532.
(2) Du louage, II, n° 761. loc. cit.

quelquefois d'une concision qui rend leur portée plus grande encore.

Elles stipulent en général l'irresponsabilité tant du capitaine que de la Compagnie.

C'est ainsi que les connaissements de la Compagnie des Messageries Maritimes contiennent une clause ainsi conçue :

« Le capitaine et la Compagnie ne sont pas responsables des cas de force majeure, de l'abordage, quelle qu'en soit la cause, du feu à bord ou dans les allèges, *des pertes ou avaries occasionnées par des accidents de machine ou de chaudière, de la rouille,* des dommages causés aux marchandises par les rats ou la vermine, *des avaries résultant du contact ou de l'évaporation des autres marchandises ou de la pression du chargement, de la rupture des objets fragiles, du coulage des liquides,* du poids, du contenu, de la mesure et de la valeur, n'acceptant quant à ce, aucune responsabilité tirée des énonciations du connaissement. »

Les connaissements de la plupart des Compagnies contiennent une clause analogue.

Il importe de ne pas confondre dans ces connaissements la stipulation de non garantie que nous avons en vue, celle qui a pour but d'exonérer le capitaine et la Compagnie de la responsabilité de leur faute, de certaines réserves, très légitimes celles-là, relatives à l'état de l'emballage, au poids, au contenu, à la valeur, toutes choses qui ne sont point le fait du transporteur, et pour lesquelles il est ordinairement privé de tous moyens de vérification.

C'est la clause d'exonération ainsi comprise que nous

avons seule envisagée dans cette étude et que nous avons déclarée nulle à l'égard de tout transporteur.

La jurisprudence, adoptant la théorie, dont Troplong peut à bon droit revendiquer la paternité, reconnaît en principe que toute clause d'un connaissement tendant à exonérer l'armateur ou le capitaine de la responsabilité de sa faute doit être tenue pour nulle, mais qu'elle a néanmoins pour effet de rejeter sur le chargeur le fardeau de la preuve.

C'est ainsi que la Cour de Cassation a jugé le 19 avril 1886[1] que la clause de non garantie pour les avaries provenant de la casse inscrite dans un connaissement n'affranchit pas sans doute le transporteur de toute responsabilité mais elle a pour effet de mettre la preuve de ses fautes à la charge des expéditeurs et des destinataires :

« Attendu, dit la Cour, qu'il résulte du jugement attaqué que le transport par les soins de la Compagnie Transatlantique de Marseille à Oran, du candélabre arrivé brisé à sa destination, a eu lieu sans garantie de casse de la part du transporteur ; — Attendu que cette clause est légale en tant qu'elle a pour effet de mettre la preuve de la faute du transporteur à la charge de ceux qui l'invoquent contre lui ; — Attendu que le jugement attaqué, sans relever aucun fait constitutif d'une faute de la part de la Compagnie Transatlantique, s'est borné à dire que la clause « sans garantie de casse » ne pouvait être opposée au destinataire, sous prétexte que la Compagnie devait refuser

---

(1) DP. 1890. I. 217.

le transport si elle jugeait un emballage nécessaire, et que l'ayant accepté, elle est responsable de l'avarie ; — D'où il suit que le jugement attaqué a formellement violé les articles de la loi sus visés (1384 c. civ. 103 c. com.); — Casse.

La Cour de Cassation a également jugé que la clause en vertu de laquelle un armateur s'est expressément exonéré des avaries provenant de la pression du chargement, et celle qui dispense le capitaine de procéder à aucune constatation d'arrimage dans les ports de transbordement et de reste, n'ont pas pour effet d'affranchir le transporteur de toute responsabilité à raison des fautes commises par lui ou par ses agents ; mais elles ont du moins pour résultat contrairement aux règles du droit commun de mettre la preuve à la charge des expéditeurs ou des destinataires (29 octobre 1890 [1]).

Cette jurisprudence, dont il serait facile de fournir de multiples exemples, se heurte à toutes les considérations que nous avons fait valoir en exposant le système de Troplong. Sans doute elle respecte ce principe, auquel il ne peut être dérogé, que le transporteur est responsable de sa faute ; mais encore faut-il qu'il soit matériellement possible de la prouver, et cela sera souvent, sinon impossible, du moins très difficile. L'appréciation des juges du fait est souveraine sur ce point, et la Cour de Cassation exige seulement qu'ils constatent cette faute du transporteur. C'est là une latitude dangereuse. En pratique on peut considérer que les clauses de non garantie, telles qu'elles

---

(1) R. I. D. M. 1890-91, p. 241.

sont interprétées par la jurisprudence, arrivent au même résultat qu'une clause stipulant expressément l'exonération de la faute.

Tout ce système est en vérité aussi dangereux dans ses applications qu'injustifié dans son principe.

La clause est valable ou elle ne l'est pas, il n'y a pas à sortir de ce dilemme. On la dénature en lui accordant une autre portée que celle que les contractants ont voulu lui reconnaître, et, sous prétexte de respecter la loi, on arrive à la violer doublement, en ne respectant ni l'intention des parties, ni les règles qui régissent la responsabilité des transporteurs. La stipulation telle qu'on l'interprète est aussi illicite que telle qu'elle a été formulée. La distribution du fardeau de la preuve n'est pas faite par le législateur, en interprétation de la volonté des parties et d'une convention qu'elles sont libres de modifier, elle est faite dans une considération d'ordre public. La responsabilité des transporteurs n'est complète que si elle implique la présomption de la faute. C'est là un principe qu'on peut considérer comme constant en l'état de notre législation. Et la présomption de faute implique, pour le transporteur qui se prétend libéré, l'obligation de prouver sa libération ; toute stipulation contraire doit être nulle.

CHAPITRE III

Il nous reste à traiter une question toute spéciale.

Faut-il admettre la validité des clauses d'exonération en matière de transport par chemins de fer ?

On ne voit pas à première vue quels motifs on pourrait invoquer pour faire aux transporteurs de cette nature une situation plus favorable. Au contraire le monopole, dont jouissent, dans la plupart des pays, les Compagnies de chemins de fer, implique la nécessité d'assurer aux expéditeurs et aux destinataires des garanties qu'ils ne sont plus en état de chercher par un choix librement exercé. La clause d'exonération paraît donc en cette matière plus exorbitante que dans tout autre contrat de transport.

En fait, cependant, les Compagnies stipulent toutes, dans certaines circonstances, qu'elles ne seront pas res-

5

ponsables de certains dommages causés aux marchandises qu'elles transportent.

Les tarifs spéciaux de Petite Vitesse contiennent tous cette clause :

« La Compagnie ne répond pas des déchets et avaries de route. »

Ce sont les termes mêmes de l'article 3 des « Conditions d'application communes à tous les tarifs Petite Vitesse. »

Remarquons tout d'abord que cette clause est particulière aux tarifs spéciaux, qui ne sont appliqués que si l'expéditeur en fait la revendication expresse. Le tarif de droit commun est le tarif général, qui soumet la Compagnie à toutes les obligations des transporteurs, en ce qui concerne l'étendue de la responsabilité qui leur incombe. Le tarif général, en effet, est applicable à toutes les marchandises, avec faculté d'assimilation pour celles qui n'y sont pas dénommées. Il en résulte que l'on ne peut concevoir une seule espèce de marchandises, à l'égard de laquelle les Compagnies ne soient pas, en règle générale, pleinement responsables. La responsabilité est donc la règle. C'est là un principe absolu qui sauvegarde entièrement les droits des expéditeurs. Ceux-ci sont toujours libres de ne pas consentir à la Compagnie une restriction de sa responsabilité, en laissant voyager leurs marchandises sous l'empire du tarif général. Enfin la concession qu'ils font à la Compagnie en vertu du tarif spécial n'est pas gratuite de leur part, et en échange ils obtiennent une réduction appréciable sur le prix de transport. Ces considérations justifient dans la pratique la clause d'exonération, qui n'a pas dans le contrat de transport par chemin de fer le caractère d'une stipulation imposée arbitrairement dans tous les cas par le transporteur, ce qui se produit lorsque la clause est insérée dans un connaissement ; alors en effet l'expéditeur n'a que le choix de ne pas faire transporter ses marchandises, ou d'accepter pour leur transport les conditions de l'armateur.

Mais, en droit, la question reste entière.

Sans doute les tarifs de chemins de fer sont soumis à l'homologation administrative, et sont à ce titre de véritables lois opposables aussi bien aux expéditeurs qu'à la Compagnie elle-même. Sur ce point, la jurisprudence est constante [1]. Le ministre agit en vertu d'une véritable délégation du pouvoir législatif qui lui est consentie par l'Ordonnance royale du 15 novembre 1846 portant règlement sur la police, la sûreté et l'exploitation des chemins de fer.

« Aucune taxe, dit l'article 41, de quelque nature qu'elle soit, ne pourra être perçue par la Compagnie qu'en vertu d'une homologation du ministre des travaux publics. »

Mais ce pouvoir du ministre une fois reconnu, on peut se demander dans quelles limites il s'exerce. L'homologation administrative des tarifs spéciaux de chemins de fer peut-elle donner force de loi à une clause que les principes généraux du droit conduisent à considérer comme illégale ?

---

(1) Cassation 19 janvier 1858 S. 1.240 ; 27 mars 1866 S. 1.195, etc., etc.

La question est très délicate et soulève de grandes difficultés. Elle se rattache à cette autre question si grave et si discutée ; Jusqu'où s'étendent les pouvoirs réglementaires des agents du pouvoir exécutif ? et jusqu'à quel point les décrets qu'ils ont rendus sont-ils obligatoires pour les tribunaux ?

Pour la résoudre essayons de raisonner par analogie, et voyons ce qui a été décidé dans un cas à peu près semblable :

On sait que la Constitution de l'an 8, art. 21, autorisait le pouvoir exécutif à rendre des décrets qui devenaient obligatoires comme les lois, lorsqu'ils n'avaient pas été attaqués pour inconstitutionnalité dans les dix jours de leur émission et dans des formes voulues : ils devaient être dénoncés par le Tribunat, au Sénat, gardien de la Constitution. Les tribunaux peuvent-ils refuser d'appliquer un arrêté du gouvernement, antérieur à la suppression du tribunat et non dénoncé par lui, sous prétexte qu'il est inconstitutionnel ? La Cour de cassation s'est constamment prononcée pour la négative. Notamment elle a décidé qu'un tribunal et une cour royale ne peuvent point renvoyer des armateurs de la demande formée contre eux par un commissaire de la marine, pour le paiement du dixième du produit d'une prise maritime, paiement ordonné par un arrêté du 7 fructidor an 8, en se fondant sur ce que cet arrêté violerait notamment l'art. 44 de la Constitution de l'an 8, d'après lequel, en matière de contributions, les arrêtés du gouvernement ne pourraient avoir l'effet d'une loi [1].

. (1) Cassation 1 Floréal an X, Dalloz, J. G. V° Lois n° 479.

Les tribunaux ne sont donc pas juges de la constitution-
nalité d'un acte administratif, ils ne le sont pas non plus
de sa légalité. Cela découle du principe même de la séparation des pouvoirs. Les seuls recours ouverts contre les
actes administratifs le sont devant l'autorité administrative
de qui émane l'acte que l'on prétend illégal ou devant
l'autorité supérieure. Faisant application de ce système aux
tarifs spéciaux de chemins de fer, on doit conclure, que,
sans doute, les particuliers pourraient se pourvoir devant
l'autorité administrative, et lui déférer la question de savoir
si ces tarifs sont ou non légaux, en tant qu'ils modifient
les règles de droit commun qui régissent la responsabilité
des transporteurs; mais, dans aucun cas, les tribunaux ne
pourraient se faire juges de la légalité de ces tarifs qui
s'imposent à eux comme une véritable loi.

On peut se demander toutefois si les tribunaux n'ont
pas le droit d'interpréter ces tarifs, au même titre que
n'importe quel article de loi. C'est une nouvelle difficulté
à résoudre.

Sans que la légalité du tarif soit méconnue, il peut
s'agir de déterminer ce que l'autorité administrative a
entendu prescrire par le tarif en question; dans ce cas le
débat porte uniquement sur le sens et la portée que l'arrêté
ministériel doit avoir. Eh bien cette interprétation n'est pas
de la compétence des tribunaux, qui doivent surseoir à
statuer sur le fond de la contestation jusqu'à ce que l'autorité administrative ait statué elle-même sur son propre
arrêté. « Il est notoire, en effet, comme le fait fort bien
remarquer M. Sarrut, que si l'autorité judiciaire interpré-

tait les arrêtés ministériels sur les tarifs, si elle s'arrogeait le droit de préciser la signification de cet arrêté et l'étendue de ces dispositions, elle usurperait une partie du pouvoir administratif, elle s'immiscerait dans les actes de l'administration. A bien plus forte raison est-il interdit aux tribunaux de critiquer les décisions de l'administration, de rendre des jugements qui tendraient à méconnaître les arrêtés ministériels sur les tarifs ou à en paralyser l'exécution. [1] »

La Cour de Paris dans un arrêt du 29 février 1860 s'est conformée à ce principe. « Dès qu'ils ont été approuvés dans la forme légale, dit la Cour, les tarifs fixés ou modifiés par l'autorité administrative supérieure deviennent obligatoires pour et contre les compagnies de chemins de fer, au même titre que les cahiers des charges annexés aux lois et décret de concession, et il n'appartient pas à la juridiction civile non plus qu'aux tribunaux de commerce, d'en faire la critique, ni d'en entraver l'exécution [2]. »

« Les tribunaux, avait déjà dit la même cour, le 26 novembre 1858 [3], ne peuvent ni modifier, ni entraver l'exécution des arrêtés ministériels ; ainsi en admettant même la réalité des griefs articulés contre des tarifs approuvés et autorisés par le pouvoir administratif, il faut reconnaître que les tribunaux en ont été à tort saisis. »

Sur l'interprétation des actes administratifs la jurispru-

---

(1) Transport des marchandises par chemins de fer n° 74.
(2) D. P. 1860, 2, 71.
(3) Code annoté des chemins de fer, p. 36.

dence est aussi formelle. Il a été décidé par exemple que l'autorité judiciaire est incompétente pour interpréter un arrêté de concession d'eau dont elle considère le sens comme douteux et qu'elle doit surseoir à statuer jusqu'après interprétation de l'arrêté par l'autorité administrative (Cassation 2 avril 1889)[1].

C'est un principe constamment admis pour tout les actes administratifs de quelque nature qu'ils soient (Req. 29 août 1885, D. P. 1886. 1, 239. 18 mai 1887, D. P. 1887, 1, 192, etc.).

S'il s'agit de l'application des tarifs, c'est-à-dire, quand le sens et la portée de l'arrêté ministériel n'étant point discutés, il y a lieu simplement d'en assurer l'exécution, l'autorité judiciaire est pleinement compétente, et l'administration ne saurait prétendre qu'elle touche à un acte administratif, puisque, cet acte étant donné tel qu'il émane de l'autorité administrative, l'autorité judiciaire veille précisément au maintien de cet acte et au respecct de ses dispositions. (Cassation, 21 janvier 1857. Cour de Paris 6 janvier 1858)[2].

Mais ici encore l'autorité judiciaire, si elle est compétente est soumise à ce principe indiscuté que les tarifs de chemins de fer homologués doivent être appliqués à la lettre. La jurisprudence est formelle sur ce point :

« Attendu, dit la Cour de cassation (8 août 1887), que les tarifs doivent être appliqués littéralement et qu'il ne saurait être permis aux tribunaux d'en étendre ou d'en res-

---

(1) D. P. 1889, 1, 452.
(2) D. P. 1857, 1. 169. D. P. 1859, 2. 29.

treindre le sens en les interprétant par les usages du commerce et les pratiques des divers pays[1]. »

« Attendu, dit-elle encore[2], que les tarifs spéciaux des Compagnies de chemins de fer doivent être littéralement appliqués, et ne sauraient être étendus en dehors des cas qui sont prévus. »

La nécessité de l'application littérale est la conséquence directe de l'impossibilité pour les tribunaux d'interpréter les tarifs.

La clause d'exonération contenue dans les tarifs spéciaux se présentait donc devant les tribunaux dans des conditions exceptionnelles.

Dans la rigueur des principes la question de la légalité de la clause était ici hors de leur compétence, puisqu'elle ne peut être posée, dans ce cas particulier que devant l'autorité administrative de qui émane l'arrêté, c'est-à-dire le ministre. Seul celui-ci peut décider si la clause est ou non licite. Insérée dans un tarif obligatoire, elle a désormais force de loi, et on ne peut en refuser le bénéfice aux Compagnies, pas plus qu'elles ne pourraient renoncer à s'en prévaloir.

Mais la jurisprudence n'a jamais admis que la règle de la séparation des pouvoirs administratifs et judiciaires ait pour effet de laisser l'administration maîtresse de méconnaître les principes fondamentaux du droit. Or, nous avons vu qu'il est de droit commun et même d'ordre public que

---

(1) D. P. 1888, 1, 388.
(2) 26 décembre 1888, D. P. 1, 110. Cf. 6 mars 1889, 1889, 1, 235.

nul ne peut stipuler qu'il ne sera pas responsable de sa faute et qu'une jurisprudence constante déclare nulles toutes clauses de ce genre stipulées par un voiturier. Comment l'homologation administrative pourrait-elle valider de semblables stipulations ? La responsabilité du voiturier est écrite dans la loi, le voiturier ne peut s'en décharger, et il n'est pas possible d'admettre que les tarifs homologués puissent faire brèche à la loi et à un principe d'ordre public.

La jurisprudence a commencé en effet par déclarer la stipulation de non garantie insérée dans un tarif spécial nulle et non avenue.

« Attendu, dit un arrêt de la Cour de cassation du 26 mars 1860[1], que les obligations des voituriers ou des entrepreneurs de voitures et de roulage sont réglées en cas d'avaries, par les art 1784 Code nap. et 103 Code commerce; que si, en droit commun, la garantie qui leur est imposée peut être étendue ou restreinte, il ne saurait jamais être stipulé qu'ils ne seront pas responsables de leurs fautes ou de celles de leurs préposés ; qu'en effet, une telle stipulation ouvrirait la porte à la fraude et aux abus, encouragerait la négligence des employés, et rendrait inutile la protection que la loi a eu pour but d'accorder aux expéditeurs. »

« Une telle stipulation, disait, au sujet de la même espèce, la Cour de Nancy (5 janvier 1860)[2], doit être surtout interdite aux Compagnies de chemins de fer, qui,

---

(1) D. P. 1860, 1, 269.
(2) D. P. 1860, 1, 269.

ayant le monopole du transport des marchandises, doivent l'effectuer suivant les principes du droit commun, en dehors desquels le commerce pourrait être livré aux caprices et à l'arbitraire des Compagnies. »

Ce système absolu se heurte à toutes les considérations que nous avons exposées relativement au tarifs de chemins de fer.

La jurisprudence a persévéré cependant dans la voie où elle était entrée, et on peut dire que le principe de la nullité de la clause en tant qu'elle déchargerait les Compagnies de la responsabilité de sa faute ou de celles de ses agents est définitivement acquis, et la doctrine sur ce point est d'accord avec la jurisprudence.

« Il n'existe aucune loi, dit M. Bédarride[1], quelque respectable qu'elle soit, qui puisse déroger à l'article 1382, et qui, en assurant l'impunité de la faute, encouragerait à la commettre. »

Mais si l'on refuse d'attribuer à la clause son plein effet, il n'est pas possible cependant de ne lui reconnaître aucun sens. L'intention d'exonérer la Compagnie de certains risques, avaries et déchets de route, est manifestement exprimée, et, si les termes employés sont tels, que la clause ainsi formulée doive être déclarée nulle, on peut se demander, cependant, si elle ne peut pas produire un effet quelconque.

Il est arrivé, en cette matière, ce qui arrive presque toujours lorsqu'on refuse d'appliquer une disposition

---

[1] Des chemins de fer, I, 74.

légale telle qu'elle est édictée, et qu'on veut essayer de lui reconnaître un sens différent de celui qu'elle doit raisonnablement avoir.

La clause était aussi concise et par conséquent aussi claire que possible.

La Compagnie ne répond pas des déchets et avaries de route, cela équivaut évidemment à dire qu'elle décline toute responsabilité relativement à ce genre de risques quelle qu'en puisse être la cause, lui fût-elle même imputable en droit commun. Et cependant, sur l'interprétation de cette phrase si explicite plusieurs systèmes différents se sont fait jour dans la doctrine et dans la jurisprudence.

Le premier est celui adopté par un arrêt de la Cour de Cassation du 29 mai 1866 [1]. Cet arrêt décide que la disposition d'un tarif de chemins de fer portant, à l'égard d'une certaine série de marchandises, que la Compagnie ne répond pas des déchets et avaries de route, affranchit cette Compagnie de la responsabilité des vices propres de la chose, mais non de la responsabilité de ses fautes, et que c'est à la Compagnie à prouver que la perte ou les avaries soufferte par la marchandise transportée ne doit être imputée ni à sa faute ni à celle de ses agents.

C'est presque réduire à néant la clause d'exonération, il est bien certain que le transporteur n'est pas responsable des vices propres de la chose transportée. Tout au plus la clause pourra-t-elle avoir son effet dans certains cas

---

[1] D. P., 1867, 1, 138.

spéciaux, s'il s'agit par exemple de marchandises fragiles, à supposer que l'on admette que la fragilité soit un vice propre dans le sens exact du mot.

Du reste, cet arrêt marque le premier pas fait par la jurisprudence dans une voie nouvelle. Nous avons exposé comment, sous l'influence de Troplong, une théorie nouvelle s'était formée relativement à la validité des clauses d'exoneration. Il était inévitable que la jurisprudence, obligée de reconnaître une portée quelconque à la clause d'irresponsabilité insérée dans les tarifs spéciaux, finît par adopter en cette matière encore la théorie mixte de Troplong.

Nous la trouvons pour la première fois dans un arrêt de la Cour de Bordeaux du 5 mars 1860[1], et dans un second arrêt de la Cour de Rennes du 28 mai 1873[2]. Elle reçut la consécration de la Cour de Cassation dans un arrêt du 4 février 1874 ainsi conçu :

« Vu le tarif 71 de la Compagnie du Chemin de Fer P.-L.-M.; attendu que si, à la différence des commissionnaires ordinaires pour les transports par terre ou par eau, les Compagnies de Chemins de Fer établies dans un intérêt général ne peuvent stipuler, par des conventions particulières et sans l'autorisation de l'administration supérieure, qu'elles ne seront pas garantes de la perte ou de l'avarie des objets par elles transportés, il en est autrement lorsqu'une telle clause est inscrite dans les tarifs homo-

---

(1) D. P. 1860, 2, 176.
(2) Journal du Palais 1874, p. 355.

logués par la dite administration; — qu'en effet, les conditions que contiennent ces tarifs sont légalement obligatoires pour les expéditeurs comme pour elles-mêmes; —
attendu, en fait, que le défendeur a remis, le 4 décembre
1870, à la Compagnie demanderesse, pour être expédiés
aux conditions du tarif spécial n° 71, deux ballots de sacs
vides qui ont été perdus en route, — attendu qu'aux
termes de ce tarif, la Compagnie n'est pas responsable de
la perte ou de l'avarie des sacs vides ou outres emballages
transportés en retour et gratuitement; — que, si cette
disposition n'a pas pour effet d'affranchir la Compagnie de
toute responsabilité pour les fautes commises par elle ou
ses agents, elle a pour résultat, contrairement aux règles
ordinaires, d'en mettre la preuve à la charge de l'expéditeur; — attendu que cette preuve n'a pas été faite, ni
même offerte; — que dans ces circonstances, le jugement
attaqué, en déclarant la Compagnie demanderesse responsable de la perte des sacs vides par elle transportés en
franchise, et en la condamnant à en rembourser la valeur,
a expressément violé les conditions du tarif sus-visé; —
par ces motifs, casse [1]. »

Depuis cet arrêt la jurisprudence est constante en ce
sens [2],

Nous ne reviendrons pas sur les critiques que nous
avons faites de cette conception bizarre de la clause d'exonération.

---

(1) D. P. 1874, 1, 305.
(2) Cassation, 14 décembre 1875. D. P. 1876, 1, 133, et tous les arrêts
postérieurs.

On peut trouver une autre interprétation de la clause que celle qu'a adoptée la jurisprudence. Elle a été exposée par M. Sarrut dans son *Traité sur le transport des marchandises par chemins de fer* [1] et peut être ainsi résumée :

Sans doute, la clause de non-responsabilité des tarifs spéciaux est nulle en principe; et il faut d'autant moins hésiter à la considérer comme telle que la Compagnie trouve toujours une compensation à la réduction de prix qu'elle accorde à l'expéditeur. La clause de non responsabilité ne constitue jamais, en effet, la condition unique d'un tarif spécial. Elle est toujours accompagnée, soit de la clause d'augmentation de délai, soit de la clause de chargement ou de déchargement, soit de tout autre clause assurant à la Compagnie un avantage quelconque.

Mais si la clause est nulle, parce qu'il est contraire aux principes du droit et même de la morale qu'une Compagnie de Chemins de Fer puisse s'affranchir de la responsabilité de son propre fait, il est autant contraire à ces principes qu'elle doive répondre d'un fait qui lui est étranger. Si elle doit, malgré toute stipulation contraire, supporter les conséquences de sa faute, il est juste qu'elle puisse se soustraire aux conséquences des fautes d'autrui. La clause de non-responsabilité doit être valable « quand elle a pour but de garantir la Compagnie contre un fait qui n'émane pas d'elle, quand elle constate que le transport n'a pas lieu dans les conditions normales, par suite de circonstances indépendantes de la volonté ou de la négligence de la Compagnie. »

---

(1) N° 218 et s.

« On conçoit, en effet, ajoute M. Sarrut [1], que si l'expéditeur, pour obtenir une diminution de tarif, accepte tel
mode de transport qui, de lui-même, malgré tous les soins
que les employés donneront aux marchandises, expose
ces marchandises à l'avarie en quelque sorte nécessairement, par exemple le transport a lieu par wagons découverts ou en *vrac*, c'est-à-dire que les marchandises sont
placées pêre-mêle, sans emballage, on conçoit, disons-
nous, que, dans ces divers cas, la Compagnie n'étant pas
en faute, n'étant pas la cause efficiente des avaries, la
clause de non-responsabilité qui est la condition du tarif
spécial que l'expéditeur a demandé, et qui stipule le transport par wagons découverts ou en *vrac*, doit être valable
et mettre la Compagnie à l'abri d'une action en indemnité. »

Dans ce système on n'attribue en réalité à la clause de
non-responsabilité aucun effet spécial. Même en l'absence
de cette clause, la Compagnie n'est pas responsable des
avaries survenues dans ces circonstances. Les voituriers
sont sans doute tenus des conséquences de leur faute,
mais on peut très bien admettre que le choix du mode de
transport est un fait qui leur est étranger et dont ils n'ont
pas à répondre. L'expéditeur, en choisissant le transport en
vrac ou par wagons découvert, a dû prévoir qu'il exposait
ses marchandises à des chances plus nombreuses d'avaries
et calculer si la réduction qu'il obtient sur le prix de transport est une compensation suffisante pour cette augmen-

---

(1) Loc. cit.

tation de risques. Dans ce cas particulier, on peut dire qu'il y a présomption, que l'avarie n'est que la conséquence directe du mode de transport choisi. Par suite, il faudrait reconnaître à la clause de non-responsabilité cette portée de mettre la preuve de la faute du voiturier à la charge de l'expéditeur. Mais, dans aucun cas, le fait pour l'expéditeur d'avoir choisi un mode de transport déterminé ne peut dispenser la Compagnie de donner aux marchandises les soins qui conviennent. Elle reste toujours tenue de sa faute et de celle de ses agents. Sur ce point la jurisprudence est formelle.

« Attendu que la Compagnie a prétendu s'exonérer de toute responsabilité en soutenant que l'avarie était la conséquence du mode de transport chosi par les expéditeurs, qui, en adoptant le tarif spécial n° 13, sans demander des wagons couverts, auraient volontairement assumé les risques d'un transport à découvert; — mais attendu que, si les dispositions du tarif spécial emportent implicitement pour la Compagnie la faculté de transporter la marchandise en wagons découverts, il n'en résulte pas qu'elle soit dispensée de prendre, pour la conservation de cette marchandise, les précautions que peuvent commander les circonstances survenant au cours du transport, sauf à être indemnisée, s'il y a lieu, par les expéditeurs; que, d'ailleurs, le jugement ne constate pas que l'avarie soit résultée uniquement de l'emploi des wagons découverts; que c'est donc à bon droit que, dans l'espèce, le jugement a décidé que la demande du tarif spécial par l'expéditeur ne pouvait exonérer la Compagnie des avaries provenant de la faute de ses agents; qu'en statuant ainsi,

le jugement n'a violé ni les dispositifs du tarif spécial
n° 13, ni l'article 103 c. comm. ni l'art. 1134 c. nap. »
(Cassation, 16 février 1870) [1].

En résumé, ce système revient à reconnaître la validité
de la clause de non responsabilité en tant seulement
qu'elle ne fait que déplacer le fardeau de la preuve, quand
le tarif spécial porte que le transport aura lieu par wagons
découverts. Si le tarif spécial est muet sur le mode de
transport, et que la Compagnie ait employé un mode de
transport exceptionnel, « les avaries en provenant ne
seront pas ou seront à la charge de la Compagnie, selon
qu'il pourra ou ne pourra pas être présumé que l'expéditeur s'attendait à ce que la Compagnie usât de ce mode de
transport ». La Compagnie reste dans tous les cas responsable de ses fautes et de celles de ses agents.

Il ne nous semble pas que l'on puisse adopter cette
interprétation de la clause de non responsabilité. Cette
clause n'est pas, en effet, uniquement stipulée dans les
tarifs qui indiquent un mode particulier de transport.
Elle fait partie des conditions générales d'application
communes à tous les tarifs spéciaux. Elle doit être valable
ou nulle pour tous. On ne peut pas faire un choix entre
les tarifs, à ce point de vue, puisque la clause est générale
et s'applique à tous avec la même portée. Ce système est
encore plus arbitraire que celui de la jurisprudence avec
lequel il se confond pour les cas où il reconnaît à la clause

---

(1) D. P. 1870, 1, 232.

un certain effet valable, celui de déplacer le fardeau de la preuve, et il prête par conséquent aux mêmes critiques.

Pour nous, nous n'hésitons pas à déclarer que la clause de non responsabilité insérée dans les tarifs spéciaux nous parait valable avec sa pleine et entière portée, et nous ne croyons pas être en désaccord avec notre précédente opinion à propos du contrat de transport en général. Le but que la loi a voulu atteindre en soumettant la responsabilté des transporteurs à des règles rigoureuses, c'est d'assurer aux expéditeurs, dans un intérêt général et d'ordre public, les garanties indispensables pour que le transport puisse s'effectuer dans de bonnes conditions. Ce but est atteint puisque le tarif général, applicable en droit commun aux marchandises expédiées par chemins de fer, laisse pleine et entière la responsabilité du transporteur. D'autre part les Compagnies offrent aux expéditeurs de leur consentir, sur leur demande expresse, une réduction de prix en échange de certaines concessions parmi lesquelles la décharge de la responsabilité des avaries et déchets de route. Nous ne voyons là rien d'illicite. C'est bien exactement l'équivalent d'une assurance. La réduction sur le prix de transport, parfaitement appréciable est la compensation des risques complémentaires que l'expéditeur assume. C'est à lui de calculer s'il a intérêt à accepter cette proposition, ou au contraire à laisser appliquer à ses marchandises le tarif général. La loi a sauvegardé les intérêts des expéditeurs, pourquoi les empêcher de renoncer en pleine connaissance de cause, et à prix d'argent, à quelques unes des garanties que la loi leur a réservées. Ce qui est d'ordre public, c'est que les transports puissent se faire en toute sécurité, et non qu'ils le doivent. Cette solution est contraire à celle que nous avons adoptée pour le transport par mer. C'est qu'en effet, dans ce cas les chargeurs n'ont pas le choix entre deux tarifs, ils sont obligés d'en passer par les conditions que leur imposent les armateurs et la liberté qu'ils peuvent avoir, au moins théoriquement, de confier leurs marchandises à un autre transporteur, n'est pas une ressource suffisante puisque fatalement tous les armateurs inscrivent dans leurs connaissements les mêmes stipulations. Ajoutons qu'en matière de transports par chemins de fer, les expéditeurs sont protégés par le contrôle administratif qui s'exerce sur les tarifs, et en vertu duquel l'autorité administrative soucieuse des intérêts publics, ne manquerait pas de refuser l'homologation nécessaire à tout tarif trop rigoureux pour les expéditeurs, ou de retirer celle déjà donnée à un tarif dont l'application aurait entraîné des abus.

Du reste, étant donné l'interprétation constante de la jurisprudence, et l'assentiment tacite de l'administration et des Compagnies, on peut s'étonner que l'autorité admitrative continue à homologuer des tarifs contenant une clause à laquelle on s'accorde à reconnaître une portée tout autre que celle qu'elle a en réalité ; d'autant plus que les tarifs internationaux rédigés avec plus de précision que les tarifs des Compagnies françaises indiquent pour la plupart en termes exprès que la clause de non garantie met à la charge du demandeur la preuve de la faute du transporteur. Puisque l'on admet la justesse de la théorie de la jurisprudence, pourquoi ne pas lui donner une base légale en modifiant la rédaction de la clause de non responsabilité ?

CHAPITRE IV

DES CLAUSES DE FORFAIT

I

Si les transporteurs n'ont pas le droit de s'exonérer de la responsabilité de leur faute, peuvent-ils du moins limiter le chiffre des dommages-intérêts qu'ils auraient à payer en cas de perte ou d'avaries des marchandises qu'on leur confie ?

Les conventions de ce genre sont certainement licites, puisque l'article 1152 du Code civil les prévoit et les déclare valables :

« Lorsque la convention porte que celui qui manquera à l'exécuter paiera une certaine somme à titre de dommages-intérêts, il ne peut être alloué à l'autre partie une somme plus forte, ni moindre (art. 1152) [1].

---

(1) Cf. art. 1229. C. civ.

Rien ne s'oppose à l'admission de cette clause pénale dans le contrat de transport, mais à condition qu'elle se renferme dans les termes mêmes de l'article 1152, c'est-à-dire qu'elle ait réellement le caractère d'une convention acceptée par les deux parties, ou encore d'une restriction légale, en vertu d'une loi limitant expressément la responsabilité du transporteur à une somme fixe.

En principe, en effet, le transporteur est indéfiniment responsable, et toute prétention contraire qui ne s'appuierait ni sur un texte de loi, ni sur une convention expresse ne pourrait avoir aucune valeur, car il est contraire à l'ordre public qu'une personne puisse de sa propre autorité supprimer ou restreindre la responsabilité légale qui lui est imposée.

Les voituriers ont cependant souvent essayé d'imposer aux expéditeurs des clauses limitant leur responsabilité au paiement d'une indemnité fixée à forfait pour chaque colis.

Lorsque le service des Messageries était exercé en Régie par le gouvernement, ce qui existait encore au commencement de ce siècle, cette question était réglée par un texte formel. L'article 62 du décret des 23-24 juillet 1793, relatif à l'organisation des postes et messageries en régie nationale, était en effet ainsi conçu :

« Si la perte ou le dommage des effets, ballots, ou marchandises dont la régie est responsable ne peut être évaluée par experts à la vue des objets cassés ou endommagés, l'évaluation faite lors de l'enregistrement servira de règle pour fixer l'indemnité. A défaut de possibilité d'estimation sur la vue des objets détériorés ou cassés, et d'estimation déclarée lors du chargement ou si le paquet se trouve perdu, l'indemnité sera de cent-cinquante livres. »

Aucune discussion n'était possible en présence d'une disposition aussi expresse.

Lorsque le service des messageries cessa d'être une régie nationale [1] et fut exercé par des particuliers, les entrepreneurs de transports essayèrent de se prévaloir de cet article 62 de la loi de juillet 1790. Cette prétention fut repoussée par la Cour de Cassation, notamment dans un arrêt du 6 février 1809 :

« Attendu, dit la Cour, que si l'article 62 de la loi du 23 juillet 1793 a restreint seulement à 150 fr. l'indemnité due pour la perte des effets, cette dérogation aux règles du mandat n'a été introduite qu'en faveur du gouvernement, et lorsque les messageries étaient en régie nationale ; que la loi du 9 vendémiaire, an 6, ayant supprimé les messageries nationales, les obligations des entrepreneurs particuliers des messageries sont rentrées dans le droit commun ; d'où il suit que le Tribunal civil de Caen en prenant pour base de sa décision la loi du 9 juillet 1793 a faussement appliqué cette loi et contrevenu à l'article 1783 du Code civil qui n'est pas introductif d'un droit nouveau. Casse [2]. »

Plus tard, les règlements intérieurs dans certains services de messageries portant que les conducteurs ne seraient pas responsables envers l'entreprise au-delà d'une somme de 150 francs par colis, si une déclaration spéciale n'était pas faite sur la feuille de route, la Cour de Cassation décida

---

(1) Loi du 9 Vendémiaire, an 6.
(2) S. 1809. 1. 173.

que cette clause n'était pas opposable aux expéditeurs, à l'égard desquels la Compagnie de messageries devait être responsable de l'entière valeur des marchandises, la limitation des dommages-intérêts n'étant applicable que dans les rapports du conducteur avec l'entreprise. (Cassation, 18 juin 1833 [1].)

Et la prétention des transporteurs fut déclarée irrecevable dans le cas même où elle serait portée sur les bulletins délivrés par eux aux expéditeurs. Application de cette théorie fut faite aux Compagnies de chemins de fer notamment par un arrêt de la Cour de Douai du 17 mars 1847 [2].

Depuis cette époque les transporteurs de toute nature ont renoncé à élever la prétention de se prévaloir de la loi de juillet 1793.

Pourraient-ils imposer aux expéditeurs de déclarer la valeur des marchandises dans le contrat même de transport ? Cela n'est pas admissible, à moins de dispositions spéciales de la loi et il n'y en a pas. C'est au demandeur en dommages-intérêts à faire la preuve du préjudice qu'il a souffert, et dont la Compagnie de transports lui doit la réparation intégrale. Que si, en fait, l'expéditeur a déclaré la valeur des marchandises, cette déclaration n'a qu'un résultat, celui de faire rejeter toute demande supérieure de dommages-intérêts. Il peut y avoir cependant un cas où le transporteur n'est pas responsable de la valeur intégrale déclarée des objets qu'on lui a confié. En matière de transports par

---

(1) S. 1833. 1. 706.
(2) S. 1847. 2. 207 Cf. Paris, 14 août 1847. S. 1847. 2. 510.

chemins de fer, par exemple, les tarifs classent les objets
à expédier selon leur nature; si l'expéditeur a déclaré sous
une fausse dénomination les objets qu'il envoyait pour
les soumettre à un tarif moins élevé, il est juste, en pareil
cas, que la Compagnie ne doive l'indemniser que d'après le
préjudice qu'il aurait réellement subi si la déclaration par
lui faite avait été exacte. C'est ainsi qu'il a été jugé notamment que l'expéditeur qui avait envoyé un colis étiqueté
« gravures » ne pouvait en cas de perte se faire rembourser la valeur de manuscrits peints et de tableaux d'un prix
très élevé qui étaient réellement renfermés dans le colis.
(Tribunal de la Seine, 23 novembre 1872 [1].)

Mais la clause limitant les dommages-intérêts doit, au
contraire, être déclarée pleinement valable si elle a le
caractère d'une convention expressément consentie de part
et d'autres, ou si elle est contenue dans une disposition
ayant force de loi, comme par exemple un tarif de chemin
de fer.

Relativement à la convention passée entre un particulier
et un transporteur pour limiter les dommages-intérêts,
aucune décision judiciaire n'étant intervenue, la question
reste en quelque sorte entière. M. Duverdy, dans son *Traité
du contrat de transport*, ne fait que l'indiquer : « Lorsqu'il
s'agit de conventions privées entre un expéditeur et un
voiturier, les magistrats trouvent dans leur conscience
que les stipulations limitatives de la responsabilité sont
contraires à la loi; ils les déclarent non valables, et à bon

---

(1) D. P. 1873. 3. 48.

droit selon nous. On peut discuter la décision qu'ils adoptent, mais on ne peut pas dire qu'ils outrepassent les limites de leur autorité[1]. »

MM. Lyon-Caen et Renault[2], au contraire, se prononcent pour la validité de la convention, mais sans donner d'autres justifications de leur opinion que celles sur lesquelles ils s'appuient pour déclarer valables toutes les clauses d'exonération.

Le véritable argument en faveur de la validité d'une convention de cette nature est celui tiré de l'article 1152 du Code civil qui autorise sans distinction la stipulation de clauses pénales.

Quoi qu'il en soit, comme dans la pratique le cas ne se présente jamais, la question est à ce point de vue sans importance.

Au contraire, certains tarifs des Compagnies de chemins de fer contiennent une clause de forfait.

C'est ainsi que le tarif spécial P. V, n° 14 de la Compagnie de l'Est[3] porte dans ses Conditions particulières les clauses suivantes :

« La Compagnie n'est pas responsable de la casse des objets en fonte dénommés dans le présent tarif spécial, qui ne sera appliqué aux envois de cette nature qu'à cette condition expresse. La taxe afférente aux objets reconnus brisés à l'arrivée sera remboursée par la Compagnie au destinataire ou à l'expéditeur. Le retour de ces objets brisés à

---

(1) *Traité du Contrat de Transport,* n° 36.
(2) *Traité de Droit commercial,* III, 619.
(3) Ce tarif existe pour toutes les Compagnies.

la gare d'où ils ont été expédiés ne donnera lieu qu'à la seule perception de 80 cent. pour droits d'enregistrement et de timbre. »

La Cour de Cassation attribue à cette clause sa portée pleine et entière :

« Attendu que cette clause, qui est ainsi stipulée comme la condition expresse de l'application de la taxe de transport réclamée par l'expéditeur, a pour effet de limiter à l'indemnité réglée d'avance à forfait les conséquences de la responsabilité de la Compagnie, à raison de la casse survenue en cours de route, dans le cas même où l'avarie est le résultat d'une faute imputable à la Compagnie ou à ses agents;... Attendu, cependant, que le Tribunal de commerce d'Albertville, par le jugement attaqué (8 mai 1886), a condamné la Compagnie de l'Est au paiement de la valeur de l'objet cassé, avec dommages-intérêts, par le motif que la disposition précitée du tarif spécial P. V. nᵒ 14 ne déroge à la présomption édictée contre le voiturier par l'art. 103 C. Comm. qu'en ce qu'elle met à la charge des réclamants la preuve des fautes alléguées contre la Compagnie, mais qu'elle laisse subsister tout entière la responsabilité du transporteur lorsque, comme dans l'espèce, il est établi que l'avarie a pour cause le manque de soins ou l'imprévoyance de la Compagnie ou de ses agents; — Attendu qu'en statuant ainsi, le jugement attaqué a violé le tarif spécial précité P. V. nᵒ 14, dûment homologué qui fait la loi des parties. Par ces motifs, casse.» (22 février 1888 [1]).

De même le tarif spécial N. nᵒ 9, des transports à grande

---

(1) D. P. 1890. 1. 224. Cf. 19 janvier 1887. D. P. 1887. 1. 468.

vitesse des chemins de fer du Midi, spécial aux petits colis, porte les conditions suivantes :

« ART. 1er. — Sont admis au bénéfice des prix ci-dessus les colis de o à 5 kilog., dont la valeur n'excède pas la somme de 100 fr.

« ART. 4. — Sauf le cas de force majeure, lorsqu'un colis de o à 5 kilogr. a été perdu ou avarié, l'expéditeur, et, à défaut, sur la demande de celui-ci, le destinataire a droit à une indemnité correspondant au montant réel de la perte ou de l'avarie, sans toutefois que cette indemnité puisse dépasser 100 fr. »

La Cour de Cassation a décidé, qu'il résultait de la combinaison de ces deux articles, « qu'en limitant à la somme de 100 fr., par une clause expresse dérogeant aux tarifs communs, l'indemnité correspondant au montant réel de la perte ou de l'avarie, pour les petits colis admis au bénéfice des prix réduits du tarif spécial, ce tarif a compris dans cette limitation, non seulement la valeur du colis perdu ou le montant de la dépréciation du colis avarié, mais encore toute espèce de dommages de quelque cause qu'ils proviennent. » (21 février 1887[1].)

Cette jurisprudence nous paraît absolument légitime, et nous le constatons d'autant plus volontiers, que la Cour de Cassation n'est pas coutumière du fait en matière de clauses d'exonération. Dans l'espèce, elle s'est très exactement conformée aux principes que nous avons signalés

---

[1] D. P. 1887. 1. 468.

et qui régissent les transports par chemins de fer. Il est certain que la clause de forfait des tarifs spéciaux est doublement valable; elle l'est d'abord en vertu de l'art. 1152 C. civ. Comme toute clause de forfait; elle l'est ensuite au même titre que toutes les dispositions contenues dans les tarifs homologués, puisque ces tarifs doivent être considérés comme de véritables lois à l'application desquelles nul ne peut se soustraire, pas plus l'expéditeur que le transporteur lui-même.

II

Les transporteurs sont-ils responsables du retard qu'ils apportent dans l'exécution de leur mandat, et en ce cas peuvent-ils valablement stipuler leur irresponsabilité ou tout au moins limiter par une clause de forfait les dommages-intérêts dont ils seraient redevables?

La question est complexe et soulève dans la pratique certaines difficultés.

Sur le principe même de la responsabilité aucun doute n'est possible. Il est de l'essence même du contrat de transport qu'il soit exécuté dans le délai le plus bref. Il serait inadmissible qu'un voiturier pût retarder indéfiniment la livraison des marchandises qui lui sont confiées. Quand on fait une expédition, on compte, et à bon droit, qu'elle arrivera à destination à une époque déterminée, époque à laquelle on a besoin que les marchandises soient remises au destinataire. Il doit donc y avoir un délai de transport au-delà duquel le transporteur est en faute, ou présumé en faute. En cas de retard, comme en cas de perte ou d'avarie, la seule excuse c'est la force majeure ou l'événement fortuit. Mais encore faut-il s'entendre sur l'appréciation du retard. Si le contrat porte l'indication d'un délai dans lequel le transport doit être effectué, et la lettre de voiture, en vertu de l'art. 102 C. comm. doit exprimer ce délai, le calcul du retard s'effectuera avec la plus grande facilité. Les tribunaux saisis de la demande en dommages-intérêts n'auront pas à résoudre la question préliminaire de savoir s'il y a du retard. Le retard sera manifeste par le fait seul qu'à l'expiration du délai les marchandises n'auront pas été remises au destinataire. Il en sera de même si l'expédition est faite sous l'empire d'un tarif ayant force de loi et fixant un délai déterminé, comme en matière de transports par chemins de fer. Mais la question est beaucoup plus délicate si la convention et la loi sont muettes sur ce point. C'est ce qui a lieu quand le transport est effectué par voie de mer. Ici, il n'était pas possible de déterminer à l'avance l'étendue du délai. Sans doute la substitution de la vapeur à la voile a permis de calculer avec plus de certitude la durée des traversées, mais un pareil calcul ne peut être que très approximatif. La vitesse des navires est bien connue, mais tant de circonstances imprévues peuvent se produire contre lesquelles il est impossible de lutter, que le même navire peut, sans qu'aucune faute ait été commise, effectuer entre les deux mêmes points des traversées d'une durée très variable. Ce n'est pas que, dans certains cas, les Compagnies de navi-

gation ne soient soumises à l'observation de délais déterminés à l'avance; par exemple les Compagnies chargées
d'un service postal ou de certains transports pour le
compte du gouvernement, notamment les transports de
troupes, sont tenues par leurs cahiers des charges de réali-
ser une vitesse de tant de nœuds. Mais serait-il admissible
que les chargeurs puissent se prévaloir de cette disposition,
et fonder sur elle une demande en dommages-intérêts.
Une pareille prétention devrait être repoussée, parce que,
dans ce cas, la vitesse stipulée ne l'a pas été dans le contrat
de transport, mais dans un acte auquel les chargeurs sont
restés étrangers, et qui n'a pas même été fait en vue de
leurs intérêts propres, mais seulement dans le but d'assurer un service administratif. Le retard est, dans ce cas,
uniquement une affaire d'appréciation, et les tribunaux
seront seuls juges de cette question. En fait, il ne peut y
avoir en matière de transport par mer des marchandises
retardées, sauf le cas de retard volontaire dans la traversée;
dans tous les autres cas on se trouve en présence de
marchandises momentanément égarées ou oubliées au
chargement ou au déchargement. Dès l'instant où le
navire qui aurait dû effectuer le transport est arrivé, le
transporteur est en faute de ne pas livrer les marchandises,
et est passible de dommages-intérêts.

Dans tous les cas, par conséquent, que l'expédition ait
été effectuée par voie de terre, ou par voie de mer, le transporteur doit être responsable des conséquences du retard,
et toute clause par laquelle il tenterait de se décharger de
cette responsabilité doit être nulle et de nul effet, parce

qu'elle aurait pour résultat, en dernière analyse, de l'exonérer des conséquences de sa faute.

Et comme les dommages-intérêts doivent être la réparation de la perte subie, il faut décider que le transporteur
sera responsable, dans ce cas, de tout préjudice qui est une
conséquence directe de la faute qu'il a commise, et qui
pouvait être raisonnablement prévu au moment du contrat.

Mais si le transporteur ne peut pas se soustraire entièrement à cette responsabilité ne doit-on pas lui permettre
d'en limiter les conséquences par une clause de forfait ?

Indépendamment des considérations qui peuvent, en
règle générale, justifier la clause de forfait, elle puise sa
validité, en cette matière, dans une disposition formelle
de la loi.

L'article 102 du Code de Commerce dispose, en effet,
que la lettre de voiture doit énoncer entre autres indications l'indemnité due pour cause de retard.

Cet article constitue la reconnaissance légale de la validité de la clause de forfait ; mais il a aussi une autre
portée très considérable : il est la consécration légale du
système que nous avons adopté et qui consiste à décider
que le simple retard oblige le transporteur à une indemnité, indépendamment de tout préjudice autre que le
retard lui-même.

Comme cette stipulation ne visait manifestement dans
l'esprit de la loi que les retards ordinaires et en quelque
sorte inévitables, la jurisprudence n'avait jamais hésité à
accorder au destinataire des dommages-intérêts supérieurs
à la somme allouée par la clause de forfait, lorsque les

retards étaient considérables et avaient entraîné des préju-
dices qui dépassaient les prévisions des parties [1].

Dans la pratique l'indemnité réglée à forfait était du
tiers du prix de transport.

Cette disposition de l'art. 102, si pratique et si sage, a
perdu à l'heure actuelle presque toute son importance. Le
service des Messageries, en vue duquel elle avait été
édictée, n'existe plus à l'état de souvenir, et elle n'est ni
en usage ni légale pour les autres modes de transports.

Les connaissements, en effet, ne contiennent obligatoirement aucune clause de forfait pour le retard, et cela est
naturel puisqu'ils n'indiquent aucun délai de transport, et
qu'il serait impossible de prévoir à l'avance le préjudice
subi à la suite d'un retard dont l'on ne peut d'ores et déjà
fixer le point de départ.

Mais, en fait, cependant, la plupart des Compagnies de
navigation insèrent dans leur connaissement une clause
portant que, « en cas de retard dans la livraison imputable à une faute, il ne sera dû de dommages-intérêts que
s'il est justifié d'un préjudice, et seulement dans la limite
du montant du fret [2]. »

Cette clause est certainement valable et doit avoir tout
son effet en tant qu'elle limite au montant du fret le maximum des dommages-intérêts, car, alors, c'est une simple
clause de forfait; mais il faut faire toutes réserves en ce qui
concerne l'obligation de justifier un préjudice. C'est là une

---

(1) Cf. Cour de Metz, 28 janvier 1857. DP, 1857. 2. 150.
(2) Formule de la Compagnie des Messageries Maritimes.

prétention que les armateurs ont émise, à l'exemple des Compagnies de chemins de fer et sur laquelle nous reviendrons dans un instant.

En matière de transports par chemins de fer la question de la responsabilité des Compagnies en cas de retard a donné lieu à une grave difficulté.

L'article 49 du cahier des charges est ainsi conçu :

« Toute expédition de marchandises sera constatée, si l'expéditeur le demande, par une lettre de voiture dont un exemplaire restera aux mains de la Compagnie et l'autre aux mains de l'expéditeur. Dans le cas où l'expéditeur ne demanderait pas de lettre de voiture, la Compagnie sera tenue de lui délivrer un récépissé. »

Se prévalant de leur droit, quant à l'obtention d'une lettre de voiture et de la disposition de l'article 102 Code commerce, les expéditeurs voulurent exiger des Compagnies de chemins de fer qu'elles acceptassent des lettres de voiture stipulant une indemnité pour retard.

La Cour de Cassation repoussa cette prétention que certaines cours avaient accueillie[1], par un arrêt du 27 janvier 1862, ainsi conçu:

« Vu les articles 101 et 102 Code commerce et 1108 Code civil. Attendu que dans le contrat commercial connu sous le nom de lettre de voiture, comme dans tous les contrats, le consentement des parties est une des conditions essentielles à sa formation ; que si, à l'égard des Compa-

---

(1) Colmar, 6 décembre 1859. Besançon, 16 janvier 1860. Paris, 30 mars 1860. D. P., 1860. 2.62, 63 et 59.

gnies de chemins de fer, et par suite du monopole dont
elles sont investies, ce principe, applicable à l'industrie des
transports sous le régime de la libre concurrence, a été
modifié, et si les Compagnies sont soumises à des obligations réglementaires sur les conditions de délai et de prix
des transports à effectuer, sans pouvoir en débattre le règlement avec les expéditeurs, les cahiers des charges et arrêtés
administratifs qui, sous ce rapport, font la loi tout à la fois
des Compagnies et des expéditeurs, ne règlent ni ne pré-
voient rien en ce qui concerne l'indemnité due pour cause
de retard; que cet élément accessoire du contrat de transport reste, par conséquent, sous l'empire du droit commun;
que les Compagnies de chemins de fer ne peuvent donc,
sous le prétexte d'un usage généralement pratiqué, sous le
régime de la libre concurrence, être obligées d'accepter ou
de subir un forfait d'indemnité réglé à l'avance; qu'elles
ne pourraient, à défaut d'un règlement administratif, être
liées que par leur consentement, et que, en l'absence de
convention préalable ou d'accord ultérieur sur l'indemnité
pour cause de retard, c'est aux tribunaux à arbitrer l'indemnité en raison du préjudice provenant du retard [1]. »

En droit, cet arrêt est irréprochable; mais il est permis
de regretter, au point de vue du commerce que les Compagnies ne soient pas obligées d'accepter la clause de forfait.
Sans doute, elles restent toujours responsables du retard,
mais uniquement en vertu de l'article 1382 Code civil,
c'est-à-dire, s'il provient d'une faute qui leur est imputable,

---

[1] D. P. 1862 1.67. S. 1862. 1. 407.

et s'il a causé un préjudice appréciable, indépendamment du retard lui-même.

Le demandeur en dommages-intérêts devra faire la preuve du préjudice qu'il prétend avoir subi et dont il réclame la réparation. La jurisprudence est constante sur ce point [1]; et elle a pour résultat de placer les Compagnies de chemins de fer dans une situation plus favorable que celle des autres transporteurs. Que la jurisprudence soit, en cela, conforme à la loi, on ne peut le nier, mais le législateur a certainement manqué de prévoyance en n'étendant pas aux Compagnies de chemins de fer la disposition de l'article 102 du Code de commerce.

Des dispositions semblables existent dans certaines législations étrangères, conçues dans un esprit plus pratique que la nôtre. En vertu de la loi allemande, par exemple, tout retard entraîne une retenue sur le prix du transport, et cette retenue peut en absorber la totalité, quand le retard dépasse un certain délai.

La Commission d'enquête sur les chemins de fer de 1863 avait formellement demandé que la fixation d'une indemnité pour retard fît partie intégrante des énonciations du récépissé, et le ministre dans une circulaire adressée aux Compagnies à la date du 1er février 1864 approuva cette demande, mais il ne put qu'inviter les Compagnies à lui soumettre des propositions à ce sujet, cet appel ne fut pas entendu, et rien n'a été modifié sur ce point depuis 1862, du moins en règle générale.

---

(1) Cf. entre autres arrêts: Cassation, 2 février 1887. D. P. 1887. 1.477.

Dans quelques tarifs spéciaux, en effet, les Compagnies insèrent une clause qui assure aux expéditeurs une indemnité en cas de retard ; cette indemnité consiste en une retenue sur le prix de transport. Mais ces tarifs sont très rares, et ne concernent que certaines marchandises pour lesquelles le moindre retard est préjudiciable, par exemple les légumes frais, le lait[1], les bestiaux destinés aux marchés. La retenue peut être fixée, un dixième ou plus du prix de transport, ou bien graduée, un dixième pour le premier jour, deux pour le second, etc. Les droits des expéditeurs sont toujours réservés, si le retard dépasse un nombre de jours déterminés.

Les tribunaux sont unanimes à admettre la pleine validité de cette clause, et cela est de droit en l'état de l'art. 102 du Code de commerce[2].

Les tarifs internationaux réglant le transport des voyageurs et bagages, et celui des marchandises contiennent en général une clause de forfait pour le retard.

C'est ainsi que le tarif international du 1er avril 1881, réglant le transport des voyageurs et des bagages entre la France, l'Allemagne, le Danemark, la Russie et l'Autriche stipule, dans les articles 17 et 18, que l'indemnité pour retard sera fixée à tant par kilomètre (0 fr, 05 pour un retard de vingt-quatre heures, etc.), et que, quelle que soit l'importance du dommage éprouvé, il ne pourra être élevé contre les compagnies aucune réclamation, tendant à leur

---

(1) Tarif spécial P. V. n° 3. P. L. M. et certains tarifs G. V.
(2) Cf. Trib. de comm. de Cambrai, 11 mars 1881. Recueil Lamé-Fleury, 1881, p. 92.

faire supporter une indemnité plus élevée que celle prévue audit tarif.

La clause de forfait a ici une portée considérable, puisqu'elle limite dans tous les cas l'indemnité due pour le retard, quelle qu'en puisse être la cause, ou le résultat. Il faut décider cependant, en l'état de l'homologation donnée à ce tarif, le 8 décembre 1885, que cette clause doit avoir son plein effet. C'est ce qu'a jugé, et à bon droit, le Tribunal de commerce de la Seine, le 13 février 1895 [1].

La Convention internationale de Berne, du 14 octobre 1890 [2], réglant le trafic international des marchandises, convention à laquelle ont adhéré la plupart des états de l'Europe, contient des dispositions très précises au sujet de l'indemnité due par les Compagnies de chemins de fer en cas de retard.

L'article 40 de cette convention est, en effet, conçu dans les termes suivants :

ART. 40. — « En cas de retard dans la livraison, il pourra être réclamé, sans qu'il y ait à prouver qu'un dommage soit résulté de ce retard :

1/10 du prix de transport pour un retard égal ou inférieur à 1/10 du délai de transport ;

2/10	do	2/10	do
3/10	do	3/10	do
4/10	do	4/10	do

---

(1) Recueil Lamé-Fleury, 1895, p. 90.
(2) Cette convention a été approuvée par la loi du 29 décembre 1891.

5/10 du prix de transport pour tout retard supérieur
à 4/10 du délai de transport.

Si la dite preuve est fournie, il pourra être alloué, à
titre de dommages-intérêts, une somme qui ne devra par
toutefois dépasser le prix du transport.

S'il y a eu déclaration de l'intérêt à la livraison, il pourra
être réclamé sans qu'il y ait à prouver qu'un dommage
soit résulté de ce retard :

2/10 du prix de transport pour un retard égal ou inférieur à 1/10 du délai de transport ;

4/10	dᵒ	2/10	dᵒ
6/10	dᵒ	3/10	dᵒ
8/10	dᵒ	4/10	dᵒ

10/10 du prix de transport pour un retard supérieur à
4/10 du délai de transport.

Si la preuve est fournie qu'un dommage est résulté de
ce retard, il pourra être alloué le montant de ce dommage.
Dans l'un et l'autre cas, le montant de l'indemnité ne pourra
pas dépasser la somme déclarée. »

Cet article que nous avons tenu à reproduire *in
extenso*, nous paraît irréprochable au point de vue de la
précision de la rédaction, et conçu dans un esprit éminem-
ment pratique. Il gradue très heureusement le montant
de l'indemnité suivant l'étendue du retard, et établit une
différence très légitime de traitement entre les expéditions
faites avec ou sans déclaration d'intérêt à la livraison. La
responsabilité du transporteur est plus sérieusement
engagée dans le premier cas, puisqu'on a eu soin de

l'avertir, que la non exécution du contrat de transport serait la cause d'un préjudice qu'on évaluait à l'avance à une somme déterminée ; et de même l'expéditeur ayant donné cette estimation en pleine connaissance de cause aurait mauvais gré à venir postérieurement élever le chiffre de ses prétentions.

Cette clause faisant partie intégrante de la loi du 29 décembre 1891, est obligatoire, et les tribunaux ne pourraient pas plus se refuser à l'appliquer, que n'importe quel article du Code.

Il serait à désirer que des stipulations analogues intervinssent dans tous les contrats de transport.

———

DEUXIÈME PARTIE

CLAUSES D'IRRESPONSABILITÉ

DE LA

FAUTE DES PRÉPOSÉS

CHAPITRE PREMIER

CLAUSE D'IRRESPONSABILITÉ DE L'ARMATEUR
POUR LES FAUTES DU CAPITAINE

I

Le principe de la responsabilité des propriétaires de navires pour les faits du capitaine, est posé dans l'article 216 du Code de commerce. Mais comme cet article ne fait qu'appliquer aux propriétaires de navires la règle établie pour tous les commettants par l'article 1384 du Code civil, il n'est pas inutile de rappeler en quelques mots quels sont les chefs de responsabilité visés dans cet article, et comment il s'interprète.

L'article 1384 indique trois sortes de responsabilités civiles :

« Le père, et la mère, après le décès du mari, sont responsables du dommage causé par leurs enfants mineurs habitant avec eux ;

Les maîtres et commettants du dommage causé par leurs

domestiques et préposés dans les fonctions auxquelles ils les ont employés;

Les instituteurs et les artisans, du dommage causé par leurs élèves et apprentis pendant le temps qu'ils sont sous leur surveillance. »

On s'accorde en général à reconnaître que, pour les maîtres et commettants, le fondement de la responsabilité civile n'est pas le même que pour les père, mère, instituteurs et artisans.

Ces derniers sont responsables, parce qu'ayant sous leur direction et leur garde des mineurs ou de très jeunes gens, ils ont le devoir de les surveiller. Mais aussi leur responsabilité cesse lorsque leur surveillance était impossible ou impuissante :

La responsabilité ci-dessus a lieu, à moins que les père, mère, instituteurs et artisans, ne prouvent qu'ils n'ont pu empêcher le fait qui donne lieu à cette responsabilité (article 1384, *in fine*).

Pour les maîtres et commettants, la situation est différente.

« On rend aussi les maîtres, dit Pothier[1], responsables du tort causé par les délits ou quasi délits de leurs serviteurs ou ouvriers qu'ils emploient à quelque service. Ils le sont même dans le cas auquel il n'aurait pas été en leur pouvoir d'empêcher le délit ou quasi délit, lorsque les délits ou quasi délits sont commis par les dits serviteurs ou ouvriers dans l'exercice des fonctions auxquelles ils sont employés par leurs maîtres, quoiqu'en l'absence de leurs maîtres;

---

(1) I., p. 64, parag. 121.

ce qui a été établi pour rendre les maîtres attentifs à ne se servir que de bons domestiques. »

« Les maîtres et commettants, dit le tribun Bertrand de Greuille, dans son rapport, ... ne peuvent, dans aucun cas, argumenter de l'impossibilité où ils prétendraient avoir été d'empêcher le dommage causé par leurs domestiques ou préposés dans les fonctions auxquelles ils les ont employés, et le projet les assujettit toujours à la responsabilité la plus entière et la moins équivoque. Cette disposition, qui se rencontre déjà dans le Code rural, ne présente rien que de très équitable. N'est-ce pas en effet le service dont le maître profite, qui a produit le mal qu'on le condamne à réparer? N'a-t-il pas à se reprocher d'avoir donné sa confiance à des hommes méchants, maladroits ou imprudents? et serait-il juste que des tiers demeurassent victimes de cette confiance inconsidérée, qui est la cause première, la véritable source du dommage qu'ils éprouvent. »

Ulpien s'exprimait déjà dans les mêmes termes. « *Hâc autem actione suo nomine exercitor tenetur, culpæ scilicet suæ, qui tales adhibuit.* »

« *Nec immerito factum eorum præstat, cùm ipse eos suo periculo adhibuerit* [1]. »

Ainsi le commettant est responsable parce qu'il a lui-même commis une faute, et cette faute a précédé celle du préposé ; elle consiste dans le mauvais choix qu'il a fait. En accordant sa confiance à la légère, il n'a pas seulement compromis ses intérêts, qu'il est libre de négliger puisqu'il ne nuit qu'à lui-même, il a aussi mis en péril les intérêts des tiers qui se trouveront en rapports forcés avec son préposé ;

---

(1) *Nautæ caupones*, etc, IV, IX, 7. 4.

sa négligence est une faute puisqu'elle a pour conséquence de causer à autrui un préjudice [1].

Sans doute c'est là une disposition bien rigoureuse de la loi. Celui sur qui l'on fait peser si lourdement la responsabilité des fautes de l'homme qu'il a choisi pour un emploi déterminé ne pouvait certainement pas prévoir quelle serait la conduite de son préposé ; ne serait-ce pas se montrer assez exigeant à son égard que de lui demander seulement d'exercer son choix avec discernement et de le porter sur un homme apte à remplir les fonctions dont il le charge. N'aurait-il pas fait ainsi tout ce qu'il est humainement possible de faire? Oui certes! mais faut-il pour cela perdre de vue les intérêts des tiers étrangers au choix du préposé, obligés cependant d'avoir recours à lui. C'est l'investiture seule qu'il a reçue de son commettant qui a mis cet homme en rapport evec eux; il a été offert, imposé même à leur confiance. La plupart du temps, ils ne le connaissent pas, ils ignorent même son nom, c'est à son commettant seul qu'ils ont affaire, pour lui s'il a des rapports avec eux, c'est uniquement ès-qualité.

Il est donc juste que, lorsqu'ils sont lésés par la faute de ce préposé, ils aient un double recours à exercer, contre l'auteur de l'acte nuisible, et contre celui qui en est à leur égard le garant. « L'obligation de réparation imposée aux personnes civilement responsables ne dégage pas les auteurs des faits qui ont occasionné le dommage. Ces derniers peuvent donc, si ces faits leur sont moralement imputables

<hr>

(1) Cf. AUBRY et RAU, IV, p. 759. — DEMOLOMBE. *Des contrats*, VIII, p. 530.

être actionnés directement par la partie lésée. Ils peuvent aussi dans cette supposition être recherchés en garantie par les personnes civilement responsables[1]. » Et cela était même nécessaire parce que, en général, les préposés employés dans des fonctions subalternes n'offrent pas personnellement au public des garanties en rapport avec les intérêts qui leur sont confiés,

Aussi la responsabilité civile de de l'article 1384 est-elle considérée comme d'ordre public au même titre que la responsabilité directe de l'article 1382.

Il en résulte que toute stipulation ayant pour but de supprimer ou même de restreindre la responsabilité des commettants devra être tenue pour nulle et de nul effet, et cela sans qu'il y ait lieu de distinguer entre les différentes espèces de fautes, entre la faute légère et la faute lourde ou le dol.

C'est là un point qui ne peut être discuté. Il est établi par le témoignage de tous les auteurs[2] et par une jurisprudence constante.

Les décisions rendues par la Cour de cassation en matière de transport par chemins de fers sanctionnent toutes ce principe. La Cour déclare que les Compagnies de chemins de fer ne peuvent valablement stipuler qu'elles ne seront pas responsables des fautes de leurs préposés, non plus que de leurs propres fautes, et que toute clause contraire même

---

(1) Aubry et Rau, iv, p. 759.

(2) Cf. Cependant contra De Courcy, *Des limites de la responsabilité personnelle*.

insérée dans un tarif dûment homologué ne peut avoir d'autre effet que de déplacer le fardeau de la preuve[1].

Ainsi, nous ne trouvons rien dans le droit commun qui nous permette de valider les clauses de non garantie s'appliquant aux fautes des préposés. La doctrine et la jurisprudence sont unanimes à en prononcer la nullité.

Nous ne rencontrerons plus cet accord lorsqu'il s'agira des clauses stipulées par les propriétaires de navires et ayant pour but de les exonérer des fautes du capitaine.

Au contraire, une importante controverse existe sur la validité de ces clauses. La doctrine est partagée et la jurisprudence, quoique tendant à se fixer, témoigne cependant de certaines divergences.

Nous allons nous trouver en face d'une opinion dominante soutenue par des autorités incontestables, appuyée par une nombreuse jurisprudence, et cependant discutée sérieusement par des adversaires, qui, pour être peu nombreux, n'en sont pas moins dignes d'attention. Nous verrons quel parti il y a lieu de prendre dans cette controverse, mais auparavant il n'est pas inutile de rappeler en quelques mots l'origine de ce débat.

II

L'article 216 du Code de Commerce, avons-nous dit, ne fait qu'appliquer aux propriétaires de navires les principes généraux posés dans l'article 1384 du Code civil.

---

[1] Cf. p. 76, Transport par chemin de fer. Jurisprudence.

« Tout propriétaire de navire est civilement responsable des faits du capitaine, et tenu des engagements contractés par ce dernier, pour ce qui est relatif au navire et à l'expédition (art. 216). »

Mais la faveur qui s'attache au commerce maritime a fait atténuer ici dans une large mesure la responsabilité ordinaire des commettants :

« Il (le propriétaire) peut, dans tous les cas, s'affranchir des obligations ci-dessus par l'abandon du navire et du fret (art. 216, 2me al.) »

Cette faculté exorbitante du droit commun et analogue à l'abandon noxal a été l'objet de vives critiques. Elle est cependant admise dans beaucoup de législations, et, somme toute, elle ne justifie pas dans la pratique les reproches qu'on peut lui adresser à un point de vue purement théorique.

Quoiqu'il en soit, cette concession n'a pas paru suffisante aux armateurs.

Il faut reconnaître aussi que depuis le Code de Commerce, et l'Ordonnance de 1681 dont il s'est inspiré, les conditions de la navigation ont été profondément modifiées.

Les progrès de l'industrie et de la science ont permis de construire des navires beaucoup plus puissants, pouvant transporter une cargaison beaucoup plus considérable; mais leur prix est souvent de plusieurs millions. L'abandon d'un tel navire est donc toujours très onéreux, et ce n'est plus guères une faveur que celle qui s'achète au prix d'un pareil sacrifice. D'autre part la cargaison de ces navires représente souvent une valeur quatre ou cinq fois plus considérable que celle du navire même, et la garantie ne couvre plus les risques. On peut donc dire qu'à l'heure actuelle l'abandon n'est plus ce qu'il était autrefois et n'offre plus la même utilité.

Les armateurs ont imaginé alors les clauses d'exonération qui les affranchissent de toute responsabilité.

L'idée n'est peut être pas aussi nouvelle qu'on pourrait le croire.

Ulpien nous donne déjà une formule de convention qui se rapproche de la clause qui nous occupe. Après avoir déclaré que l'*exercitor* est responsable de tous les actes de ceux qu'il emploie sur son navire, pourvu toutefois que le dommage ait été causé par eux sur le navire même (*in ipsa nave*), il ajoute « *Item si prædixerit, ut unusquisque vectorum res suas servet, neque damnum se præstaturum, et consenserint vectores prædictioni, non convenitur*[1]. »

On a voulu voir dans cette convention une clause de non garantie de la faute des gens de l'équipage. Il nous semble que, pour l'envisager ainsi, il faut ne pas se rendre un compte très exact des circonstances dans lesquelles elle intervient. Ceux qui consentent cette dérogation aux règles ordinaires de la responsabilité de l'armateur sont des voyageurs qui transportent avec eux des bagages, et non des chargeurs qui expédient des marchandises. Dans ces conditions seulement on comprend qu'ils acceptent que chacun « *res suas servet* ». C'est la personne qui est ici l'objet principal du contrat de transport, et la convention

---

[1] *Nautæ caupones*, etc. IV, IX, 7.

qui intervient entre l'*exercitor* et les *vectores* ressemble beaucoup à ces clauses par lesquelles certaines compagnies de transports répudient toute responsabilité relativement aux petits bagages qu'on a l'habitude de porter à la main, et que l'on garde ainsi en sa possession et par conséquent sous sa surveillance. Notons, du reste, que le consentement des *vectores* est expressément exigé pour la validité de la convention.

Quelle que soit la signification de ce texte sur lequel il serait oiseux d'épiloguer, il ne paraît pas avoir eu une influence bien grande sur la question qui nous occupe et sa résurection tardive n'en facilite pas la solution.

Usitée ou non sous l'empire du droit romain, la clause d'irresponsabilité a fait pour la première fois son apparition dans les connaissements, il y a une trentaine d'années. Il semble qu'on doive en attribuer la paternité aux armateurs anglais en rapports avec l'Extrême-Orient : c'est en effet sur les lignes de Chine que cette clause fut d'abord imposée aux chargeurs. Les Compagnies françaises qui faisaient le même service s'approprièrent cet usage; puis, peu à peu, la clause fut en vigueur sur toutes les mers.

Etait-elle valable selon la loi française ?

Sa première apparition dans la jurisprudence française remonte à 1864 [1], époque à laquelle elle fut soumise à l'appréciation de la Cour de Cassation dans une affaire sur laquelle nous aurons à revenir ; mais, dans l'espèce, ce fut surtout un conflit de lois que la Cour eut à trancher,

_____

(1) 23 janvier 1864. D. P. 1866. 1. 166.

et la question de validité au point de vue de la loi française ne fut ni posée, ni résolue, même implicitement.

C'est en 1869 seulement qu'elle fut réellement portée devant la Cour Suprême[1], et M. l'avocat général de Raynal, dans des conclusions remarquables qui ont exercé sur la jurisprudence une influence considérable, se prononça sans restrictions aucunes pour la validité de la clause. A proprement parler, c'est même par lui seul que la question fut posée devant la Cour, et il lui demanda, dans l'intérêt de la sécurité des conventions futures, de se prononcer sur ce sujet qui commençait à occasionner dans le monde des affaires une certaine agitation. Ses instances ne purent amener la Cour à trancher une question qui ne lui était pas directement soumise.

Enfin, dans un arrêt du 14 mars 1877, confirmant un arrêt de la cour d'Aix du 16 mars 1875[2], la Cour posa les bases d'une jurisprudence dont elle ne devait plus s'écarter :

« Attendu que les conventions tiennent lieu de loi à ceux qui les ont faites, si elles ne sont défendues par la loi ou contraires à l'ordre public ou aux bonnes mœurs ; — Attendu qu'aucune loi ne défend au propriétaire de navires de stipuler qu'ils ne répondront pas des fautes du capitaine ou de celles de l'équipage ; qu'une telle convention n'est pas davantage contraire à l'ordre public ou aux bonnes mœurs ; qu'en effet, tout en admettant que l'ordre

---

(1) 20 janvier 1869. D. P. 1869. 1. 94.

(2) D. P. 1877. 1. 449. L'arrêt d'Aix infirmait un jugement en sens contraire du Tribunal de commerce de Marseille du 8 juin 1874.

public ou les bonnes mœurs ne permettraient pas, en principe, de s'exonérer des fautes de ses préposés, et s'il est vrai
que le capitaine soit le commis ou préposé du propriétaire
du navire, il est également vrai que dans l'exercice de son
commandement le capitaine échappe, en fait et en droit,
à l'autorité de son commettant et à sa direction ; qu'aussi
lui même est-il frappé par les articles 221 et 222 du Code
de commerce d'une responsabilité directe et principale, et
que, pour la même raison, l'article 353 du même Code,
dont les termes généraux ne font aucune distinction,
permet aux propriétaires de navires, aussi bien qu'aux
simples chargeurs, de se faire assurer contre toutes prévarications et fautes du capitaine ou de l'équipage connues
sous le nom de baraterie de patron ; — d'où il suit qu'en
déclarant valable dans l'espèce, la clause du connaissement
par laquelle la Compagnie défenderesse, déclinait la
responsabilité des fautes ou négligences quelconques du
capitaine, des pilotes, des marins ou autres personnes
embarquées à bord, l'arrêt attaqué n'a violé aucune loi ; —
Rejette[1].»

Dans la doctrine, la jurisprudence de la Cour de Cassation souleva une controverse très vive au sujet de laquelle
deux courants d'opinion très distincts se sont manifestés,
Tandis que MM. Lyon-Caen et Renault, Valroger[2], etc., se
prononçaient en faveur de la validité de là clause, celle-ci
était au contraire vivement contestée par MM. Desjardins

---

(1) La cour de Rouen s'était également déjà prononcée pour la validité.
Rouen, 14 juin 1876. D. P. 1877. 2. 69.
(2) Droit maritime, I, n° 246.

et Laurin. Tous les auteurs qui se sont occupés de droit maritime ont dû prendre parti, et il faut reconnaître qu'une majorité assez imposante s'est rangée à l'avis de la Cour de Cassation. M. Ch. Lyon-Caen notamment a publié dans divers recueils de jurisprudence une série d'articles et de notes dans lesquels il résume avec sa compétence et sa logique habituelles les principaux arguments que l'on peut faire valoir à l'appui de la solution adoptée par la jurisprudence et réfuté les opinions adverses.

Il est indispensable de réunir en un seul corps tous ces arguments divers dont l'arrêt que nous venons de citer donne du reste un résumé presque complet.

Quelles sont donc les raisons que l'on fait valoir en faveur de la validité de la clause ? Essayons de résumer le système de l'affirmative.

La responsabilité des propriétaires de navire, dit-on d'abord, n'est pas d'ordre public. Sans doute le propriétaire est à l'égard du capitaine dans le rapport de commettant à préposé ; mais il ne s'ensuit pas que l'on doive lui appliquer dans son intégralité la règle de l'article 1384 du Code civil qui, elle, nous le reconnaissons, est d'ordre public.

D'ailleurs est-il possible d'assimiler le capitaine à un simple commis ou préposé ? Ne le voyons-nous pas investi par la loi d'attributions qui lui sont propres et soumis à une responsabilité spéciale ? L'article 221 du Code de Commerce le déclare garant de ses fautes, même légères dans l'exercice de ses fonctions.

« Il y a entre les deux situations séparément réglées par ces deux articles (216 et 221 Code de Commerce), faisait

observer M. de Raynal [1], celle du propriétaire, et celle
du capitaine, cette profonde différence qui sépare
la responsabilité immédiate, absolue et directe, de la responsabilité secondaire, réfléchie et indirecte, la responsabilité du fait personnel et celle du fait d'autrui. Est-ce que la
responsabilité du capitaine s'efface devant celle du propriétaire du navire comme celle des enfants mineurs devant
celle de leurs parents ? Loin de là, d'après la nature même
des choses, c'est plutôt la responsabilité du propriétaire
qui s'efface devant celle du capitaine [2]... Du moment, en
effet, que le capitaine, dont l'aptitude est de droit présumée, puisqu'on ne peut le choisir que parmi ceux qui ont
subi certaines épreuves légales, a pris le commandement
du navire, c'est avec lui que traitent les tiers qui veulent
charger des marchandises sur ce navire ; c'est lui qui
délivre les connaissements ; c'est à lui qu'appartiennent
de la manière la plus absolue, la direction du voyage,
depuis le départ jusqu'au débarquement, la conduite du
bâtiment et le gouvernement de l'équipage. Il est en un
mot comme on l'a dit « le maître du navire après Dieu ».
Il reste donc et doit rester garant, sans pouvoir se soustraire par aucun pacte à la garantie de ses fautes, même
légères, et à la responsabilité des dommages qu'éprouvent
les personnes ou les choses et qu'il aurait pu conjurer.
Mais on ne voit pas les mêmes motifs pour que l'armateur, à la condition qu'il aura livré un navire en bon état,
ne puisse pas, d'accord sur ce point avec l'expéditeur,

---

(1) 20 janvier 1869. DP. 1869. 1 94. Conclusions de M. de Raynal.
(2) Civ. rejet 22 mai 1867. DP. 1867. 1. 212.

s'exonérer de la responsabilité purement civile qu'il encourt. »

« La responsabilité du garant, disait-il plus haut, est forcée lorsque celle de l'agent direct est nulle ou disparaît comme en cas de délits commis par des mineurs ou domestiques, il ne doit pas en être de même quand les deux personnalités subsistent et sont indépendantes l'une de l'autre... On ne voit pas bien pourquoi le garant ne pourrait pas par une convention licite avec les tiers échapper à la responsabilité civile de l'agent direct ; pourquoi le tiers ne pourrait pas, si elle lui suffit, si même il y trouve un avantage, se contenter de la garantie personnelle de cet agent. »

La loi, du reste, considère le capitaine plutôt comme un voiturier que comme le commis d'un voiturier :

L'article 222 du Code de Commerce le déclare responsable des marchandises dont il se charge ; et cette responsabilité est même aggravée dans des cas spéciaux, prévus par les articles 228 et 229 ; enfin l'article 230, lui faisant application de la règle admise pour le voiturier, décide que sa responsabilité ne cesse que par la preuve d'obstacles de force majeure. N'est-il pas juste alors d'assimiler le propriétaire du navire à un commissionnaire de transports, et la clause d'irresponsabilité est-elle autre chose que la stipulation de non garantie prévue et autorisée par l'article 98 ?[1]

Pourquoi ne pas autoriser le propriétaire du navire à s'exonérer comme tout commissionnaire de transports de

---

[1] Sourdat. Traité de la responsabilité, t. II, 1017 *bis*.

la garantie des fautes du voiturier intermédiaire, dans l'espèce le capitaine ? On ne voit pas de raison apparente.

Il ne faudrait pas non plus se laisser trop influencer par les considérations d'ordre public. Sans doute l'article 216 est formel et le propriétaire du navire est responsable des faits du capitaine, mais peut-on soutenir que sa responsabilité intéresse l'ordre public, quand ce même article 216 l'autorise à se libérer de toutes les obligations par lui assumées à ce titre, par l'abandon du navire et du fret. Or, dans beaucoup de cas, l'abandon ne représente plus rien ou presque, et alors même que la perte ne serait que partielle, la disproportion entre le chiffre de la dette et la valeur des objets abandonnés est tellement grande, que c'est là en somme décréter d'une manière indirecte l'irresponsabilité.

La loi fait ici au propriétaire du navire une situation plus favorable qu'à tous les autres préposants. Il peut, par l'abandon, et sans convention préalable, se soustraire à toute la responsabilité des fautes du capitaine ; il n'est tenu de ces fautes que sur sa fortune de mer, et cette fortune peut se trouver réduite à rien. Pourquoi ne pourrait-il pas par une convention licite aboutir au résultat ; en quoi la situation des parties serait-elle changée, et l'intérêt des chargeurs plus compromis ?

Enfin, si l'on refuse de se rendre à toutes ces raisons, il reste un argument irrésistible qui suffirait à lui seul à justifier la validité de la clause de non garantie. Sa force est d'autant plus grande en la matière, qu'il lui est spécial, et repose sur un texte indiscutable du Code de Commerce.

Cet argument c'est celui qu'on tire de l'article 353. (Code de Comm.) ainsi conçu :

« L'assureur n'est point tenu des prévarications et fautes du capitaine et de l'équipage, comme sous le nom de baraterie de patron, s'il n'y a convention contraire. »

Cet article est la reproduction de l'article 28, livre III, Titre VI de l'Ordonnance de 1681.

Or sur la validité, sur la légalité de cette convention contraire qui a pour effet de mettre à la charge des assureurs la baraterie de patrons, tous les anciens commentateurs de l'Ordonnance sont formels.

Eux, qui repoussaient comme un encouragement au dol, tout pacte rendant les assureurs responsables de la faute de l'assuré, admettent au contraire comme parfaitement licite l'assurance de la baraterie et cela sans restriction.

« L'assureur, dit Pothier, peut faire cette convention, non seulement avec les marchands, mais même avec l'armateur, pourvu néanmoins que l'armateur ne monte pas lui-même son vaisseau, car il est évident que je ne puis pas valablement convenir avec quelqu'un qu'il se chargera des fautes que je commettra' ; ce serait une convention qui inviterait *ad deliquendum*. Mais quand même le patron serait le fils de l'armateur, l'armateur peut valablement convenir que l'assureur sera chargé de la baraterie des patrons, de même que si le patron était un étranger [1]. »

Valin se pose la même question et y fait la même réponse :

« Quoiqu'en droit *pater et filius una eademque persona cen-*

---

(1) Traité du contrat d'assurance n° 65.

sentur, il ne serait pas juste de rendre l'assuré responsable des fautes du maître son fils, s'il n'y avait preuve de collusion[1]. »

Le même Valin[2] faisait remarquer que, « par la nature du contrat d'assurance, l'assureur n'est chargé de droit que des pertes qui arrivent par cas fortuit, par fortune de mer, ce qui est tout à fait étranger aux fautes que peuvent commettre le maître et ses mariniers. »

« Il est vrai, dit à ce sujet Emerigon[3], que ce n'est pas ici un dommage qui procède *ex marina tempestatis discrimine;* mais la baratterie n'est pas moins un risque et un très grand risque maritime, puisqu'on est obligé de confier son bien aux gens de mer, qui peuvent oublier quelquefois les devoirs de leur état, ou qui, par imprudence, occasionnent des pertes.

« Voilà pourquoi le Guidon de la mer avait mis la baratterie sur le compte des assureurs. Voilà encore pourquoi notre Ordonnance permet aux assureurs de se charger de la baratterie de patron, ce qu'elle ne permettrait pas, si, du moins en un sens, ce cas n'était pas une fortune de mer.

« Si une personne, que j'avais lieu de croire honnête, me trompe et emporte l'argent que je lui ai confié, cet événement sera pour moi un véritable cas fortuit, suivant la loi 20 ff. *commodati.*

« Si ce même événement arrive sur mer, ce sera alors une fortune de mer, qui, de droit, est à la charge des assureurs,

---

(1) Valin sur l'article 28, page 79.
(2) Loc. cit.
(3) *Traité des assurances,* ch. XII, S 3.

à moins qu'ils n'en soient déchargés par quelque loi particulière : telle que notre Ordonnance, laquelle se tait à son
tour lorsqu'il y a pacte contraire. »

Cette clause est devenue de style dans les polices d'assurance, et, pas plus que sous l'empire de l'Ordonnance,
aucun doute ne s'élève sur sa validité.

Mais pourquoi, alors, ne serait-il pas permis au propriétaire du navire de faire avec les chargeurs une stipulation
semblable? Pourquoi, licite avec les assureurs, cesserait-elle
de l'être lorsqu'elle est faite avec les chargeurs ?

M. Ch. Lyon-Caen a longuement développé cet argument, qu'il considère comme irréfutable :

« S'il était contraire à l'ordre public qu'un armateur pût
échapper à cette responsabilité; il devrait être défendu à un
armateur de contracter une assurance de son navire par
laquelle l'assureur prend à sa charge la responsabilité
des fautes dont il s'agit. Or, le Code de Commerce
admet formellement (art. 353) qu'en vertu d'une convention expresse l'assurance d'un navire peut comprendre la
responsabilité des fautes du capitaine et des gens de l'équipage ; c'est l'assurance de la baraterie de patron.

..... « Si l'armateur peut ainsi indirectement, au moyen
de la clause d'une police d'assurance, échapper à la responsabilité des fautes du capitaine et des gens de l'équipage,
pourquoi ne pourrait-il pas y échapper directement au
moyen d'une clause de contrat d'affrètement insérée dans
le connaissement ?

..... « Qu'importe que l'armateur ne soit pas responsable
envers l'affréteur, ou, qu'étant responsable envers lui, il ait
contre son assureur un recours, grâce auquel l'indemnité

qu'il a dû payer à l'affréteur lui est remboursée ? Le résultat
est le même... Par la clause litigieuse, l'affréteur se rend assureur de l'armateur pour les fautes du capitaine. Il n'est pas
douteux que l'affréteur consent à payer un fret moins élevé
que s'il avait la garantie de la responsabilité de l'armateur.
La diminution du fret qu'il est difficile d'évaluer constitue
une prime implicite[1]. »

Ainsi, la stipulation de non garantie n'est en fin de
compte qu'une assurance de la baraterie du capitaine. Et
qu'on ne vienne pas objecter qu'il n'y a pas d'assurance
sans prime ; la prime, ici, c'est la réduction consentie sur
le fret. Cela est du reste parfaitement régulier ; c'est ce qui
a lieu, en définitive, quand le fret est stipulé non restituable,
convention autorisée par l'article 302 du Code de Commerce.

Telle est la théorie que soutiennent les partisans de la
validité de la clause qui nous occupe.

Leur argumentation est-elle absolument convaincante ?

Certes, il est délicat de s'attaquer à un système adopté
par la jurisprudence et qui a réuni dans la doctrine de si
imposants suffrages ; cependant, nous n'hésiterons pas à
déclarer qu'il ne nous satisfait pas entièrement, et que les
arguments sur lesquels il repose ne nous semblent pas
irréfutables.

Voyons donc comment on peut y répondre, en les suivant
point par point :

Est-il exact de dire que l'on ne peut assimiler le capitaine

---

(1) LYON-CAEN et RENAULT. *Traité de droit commercial*, t. V, p. 506.

à un préposé; qu'au contraire la personnalité du propriétaire s'efface devant la sienne; que la loi lui fait une situation spéciale en lui reconnaissant des attributions qui lui sont propres, qu'il est en un mot un véritable voiturier et non pas le commis ou le préposé d'un voiturier?

Sans doute le législateur, dans un but d'intérêt public, a minutieusement réglementé l'exercice de la profession de capitaine marin. Le choix des propriétaires de navires ne peut pas s'exercer au hasard; ils doivent nécessairement s'adresser aux hommes reconnus légalement aptes à commander et de la capacité professionnelle desquels l'Administration compétente s'est rendu compte par des examens; mais de ce que le choix des propriétaires est limité, s'ensuit-il que la responsabilité qui leur incombe soit atténuée? Ont-ils fait tout ce qu'ils pouvaient humainement faire, lorsqu'ils ont porté leur choix sur un capitaine régulièrement muni du brevet qui lui est nécessaire? N'est-il pas plus vraisemblable de supposer que toutes les précautions dont la loi a soin d'entourer le choix de celui qui sera sur son navire, selon les anciennes formules « le maître après Dieu », sont prises en vue de considérations spéciales, touchant à l'ordre public et visant les attributions propres du capitaine en dehors du mandat qu'il a reçu du propriétaire,

En droit, depuis l'ordonnance de 1681 et d'après les lois maritimes en vigueur, le capitaine est investi de deux attributions principales; celle que l'Etat lui confère au nom de l'intérêt qu'il représente, en ce qui touche le salut des personnes et la sécurité de la navigation, et celle qu'il tient du propriétaire ou de l'armateur, en vue de la conservation du navire et de la cargaison. Dans les attributions qu'il tient de l'Etat, sa personnalité propre apparaît seule, et l'on peut dire alors qu'elle efface celle du propriétaire. A ces pouvoirs et prérogatives le législateur a attaché non seulement des responsabilités civiles, mais encore des pénalités sévères déterminées par le Code de Commerce ou par des lois spéciales[1].

La responsabilité civile du capitaine est réglée par les articles 221 et 222 du Code de Commerce, mais comme le fait fort bien observer M. Laurin[2], « lorsque l'article 222 rend le capitaine responsable même vis-à-vis des marchandises qu'on lui confie, cette disposition n'a pas pour effet d'effacer la personnalité et partant la responsabilité de l'armateur devant la sienne, ce qui serait un non sens à tous les points de vue. L'idée du législateur, en formulant cette règle, a été, en même temps que d'appliquer le droit commun, de bien préciser et distinguer la double situation du capitaine, suivant qu'il s'agit de ses engagements contractuels ou de ses délits et quasi délits. En cas d'engagements, le capitaine n'est pas tenu, parce qu'il ne contracte qu'en nom qualifié ; mais en cas de délits ou quasi délits, il l'est lui tout d'abord (sans préjudice de la garantie complémentaire de l'armateur) ; car tout le monde doit répondre de ses fautes personnelles. »

En fin de compte, l'article 222 n'est qu'une application du droit commun.

Quant à l'argument que l'on tire de l'indépendance du capitaine, il est fondé sur une conception inexacte de la responsabilité civile du propriétaire.

---

(1) Cf. Décret 24 mars 1852. Loi 24 mars 1854.
(2) LAURIN sur Cresp., I, p. 644.

Comme nous le disions plus haut, la responsabilité des commettants n'a pas pour base la nécessité de surveillance, car cette surveillance il est évident que le propriétaire ne peut pas l'exercer; et c'est justement pour cela qu'il doit apporter plus de soin dans le choix du capitaine.

Si le propriétaire est garant des fautes du capitaine c'est à cause de sa propre négligence, du mauvais choix qu'il a fait ; l'intérêt des tiers exige que les choses soient ainsi :

Et que l'on n'objecte pas que le propriétaire est à la merci du capitaine ! Il est toujours libre de mettre immédiatement fin à cette situation si elle lui paraît dangereuse. L'art. 218 du Code de commerce lui donne droit de congédier le capitaine en tout état de cause, et sans indemnité, s'il n'y a convention contraire. Loin d'être plus désarmé que les autres commettants, il est au contraire dans une situation plus favorable. L'article 218 est la contre-partie nécessaire de l'article 216, et corrige ce que ce dernier pourrait avoir de trop rigoureux. La responsabilité indirecte du propriétaire cesse de devenir dangereuse pour lui, puisqu'il peut immédiatement la faire cesser. Le système de la loi est bien simple, elle protége les intérêts des tiers par l'article 216 et ceux du propriétaire par l'article 218.

Avec l'argument tiré du rôle spécial et personnel du capitaine tombe aussi celui tiré de l'article 98. « Le commissionnaire de transports qui, pour le compte de son commettant, traite avec un voiturier intermédiaire, pourrait sans doute stipuler qu'il ne sera pas garant de la perte ou des avaries des marchandises ou effets résultant du fait de ce voiturier intermédiaire. En effet, le commissionnaire de transports ne transporte pas lui-même, mais remet la marchandise à un intermédiaire qu'il peut ne pas connaitre ; on peut appliquer ici l'article 98 Code comm. sans heurter la règle d'ordre public écrite dans l'article 1384 Code civil.

Je le demande : est-ce qu'on peut assimiler le capitaine au voiturier intermédiaire ? Poser la question, c'est la résoudre. Le capitaine n'est pas un voiturier intermédiaire en rapport d'affaires avec un commissionnaire de transports ; c'est « le commis ou le préposé » d'un voiturier par eau, la Cour de cassation le reconnait elle-même[1]. Pourquoi donc déroger à la règle générale[2]. »

En résumé l'article 98 est étranger à la question.

Il ne faut pas non plus déduire la validité de la clause de non garantie de la faculté expressément réservée au propriétaire de se libérer par l'abandon du navire et du fret.

D'abord cette mesure constitue dans notre droit une véritable exception. Discutable dans son principe, il n'est pas même prouvé qu'elle soit féconde en bons résultats. Somme toute c'est une mesure de faveur et l'interprétation restrictive est ici de rigueur. Enfin l'argument qu'on en tire ne laisse pas d'être spécieux.

« Le législateur, dit fort bien M. Laurin[3], a entendu en établissant l'abandon, donner une sanction à la responsabilité ; il a voulu que la responsabilité existât au moins dans cette mesure. Maintenant il peut se faire que dans certaines circonstances extrêmes cette sanction disparaisse et que l'abandon retombe à rien. C'est un fait malheureux,

---

(1) Arrêt du 14 mars 1877 précité.
(2) Desjardins. Droit commercial maritime. II, 276.
(3) Laurin sur Cresp., I, 645.

mais qui ne détruit pas la règle, et s'autoriser de ces cas exceptionnels pour en faire sortir l'irresponsabilité d'une façon complètement indistincte et absolue, c'est intervertir la situation, faire la règle de ce qui ne doit être qu'une exception imposée par la force des choses, c'est en un mot bouleverser de fond en comble tout le système de la loi. »

Arrivons enfin au dernier argument, à celui que l'on présente comme irréfutable et que l'on prétend tirer de l'article 353 Code comm.

Nous avons déjà rencontré un argument de ce genre en étudiant la clause d'exonération appliquée à la faute personnelle et nous avons essayé de démontrer que l'on ne pouvait pas conclure, dans tous les cas, de la validité de l'assurance, à la validité de la clause d'exonération des mêmes risques [1].

C'est ce que fait remarquer avec beaucoup de raisons M. Desjardins [2].

Enfin, en admettant même que le chargeur pût jouer le rôle d'assureur, encore faut-il qu'aucun doute ne puisse s'élever sur la volonté des parties.

« Il faut beaucoup de bonne volonté pour admettre cette thèse de l'assurance implicite. Demander qu'un tel contrat, entraînant un tel déplacement de risques, soit clairement exprimé, est-ce trop exiger ? De quel droit le présumer quand le chargeur n'est pas même libre de discuter la clause, imposée comme il arrivera souvent par quelque Compagnie privilégiée ? D'ailleurs pas d'assurance sans prime : où est la prime ? Où est-il dit que l'armateur, à raison

---

(1) Première partie, I.
(2) Desjardins, *loc. cit*,

des risques supprimés, diminue tant sur le fret ? Il faut arriver à soutenir que, sans la clause de non garantie, le taux de l'affrètement eût été probablement plus élevé, et par conséquent, que cet abaissement probable équivaut à une prime sous-entendue. C'est un vrai tour de force[1]. »

M. Laurin, l'éminent professeur de la faculté d'Aix, a résumé la question avec sa logique ordinaire et nous ne pouvons mieux faire que de lui emprunter une fois encore ses idées et son style :

« Oui, dit M. Laurin, nous admettons que l'armateur peut se faire assurer contre les fautes du capitaine (cela est devenu de style aujourd'hui dans presque toutes les polices); oui, nous sommes d'avis que l'assureur peut être le chargeur lui-même ; oui encore, nous croyons que cette assurance peut intervenir accessoirement au contrat d'affrètement et de souder en quelque sorte à lui, mais c'est à une double condition :

1° Qu'elle soit sciemment et librement acceptée par l'affréteur ;

2° Qu'elle réunisse toutes les conditions exigées par la loi pour sa validité. Or, en est-il ainsi dans le cas présent ? Non certes comme on va le voir.

Le plus souvent d'abord le chargeur se trouve en présence d'une grande Compagnie de transports, d'une Compagnie privilégiée, qui lui impose ses conditions et contre laquelle il ne peut pas se débattre ; l'affrètement se fera d'une certaine façon, où il ne se fera pas. Quelle peut être

_____

(3) Desjardins, *loc. cit.*

la valeur en pareille occurrence de la clause dont s'agit ?
Et comment pourrait-elle constituer une assurance implicite ? Le contrat d'assurance est un contrat trop important,
et le déplacement de risques qu'il entraine est chose trop
singulière et trop anormale pour qu'il n'ait pas besoin
d'être à la fois clairement exprimé et librement accepté.

Ce n'est pas tout, ce contrat a besoin pour exister de
certains éléments essentiels, et notamment d'une prime,
qui n'est que le prix des risques. La prime est ici tout indi-
quée; elle devra consister dans une diminution du fret. Or
la clause dont s'agit porte-t-elle trace de cette diminution ?
Y est-il dit, qu'en retour de cette exonération, l'armateur
fait déduction au chargeur de tant pour cent sur le fret dû ?
Non, la clause est pure et simple, elle est unilatérale, elle
n'indique nullement qu'une compensation soit faite à la
partie qui va assumer les risques; c'est-à-dire en d'autres
termes qu'il y a absence de prime, car si la prime n'a pas
besoin d'être expresse, elle doit au moins ressortir des conditions mêmes du contrat. Quant à prétendre que la prime
résultera d'un abaissement général des tarifs de la Compagnie, il n'y faut pas penser, en supposant même que cet
abaissement soit réel et cela par deux motifs : 1° parce que
le fait peut être dû à des causes diverses complétement
indépendantes de la clause dont s'agit; 2° parce que la prime
est chose d'opinion individuelle, et que la même réduction
sur le fret ne représente pas également, à l'égard de tout le
monde, le prix exact des risques [1]. »

---

[1] Laurin s. Cresp, p. 646.

Cette vigoureuse argumentation fait bien ressortir les points faibles de la théorie dominante sur le terrain même où on la prétend inattaquable.

M. Ch. Lyon-Caen [1] répond qu'il peut parfaitement y avoir une assurance implicite consentie moyennant une réduction de fret; que c'est ce qui a lieu en définitive quand le fret est stipulé non restituable (art. 302, Code comm.)

Sans doute il y a une certaine analogie entre la clause de non garantie et la stipulation autorisée par l'article 302; mais n'oublions pas que l'on n'est pas absolument d'accord sur la portée à attribuer à l'article 302. Même depuis la loi du 12 août 1885, qui autorise l'assurance du fret, on peut soutenir qu'il faut faire une distinction; et que, si l'on peut stipuler que les avanies faites sur le fret ne seront pas restituables, on ne peut pas au contraire lorsque le fret n'est pas avancée stipuler qu'il sera dû à tout événement.

Ce qui n'est pas niable c'est que l'article 302 vise un cas exceptionnel, comme l'article 18, livre III, titre III de l'ordonnance de 1681 qu'il reproduit avec une légère différence de rédaction ou plutôt de ponctuation.

Or, sur le mérite de la dérogation apportée par l'article 18 de l'ordonnance aux règles ordinaires, les opinions des anciens commentateurs étaient partagées.

Valin, après avoir constaté que toutes les fois que le fret se paie d'avance, on ne manque jamais de stipuler qu'il sera acquis à tout événement, continue ainsi : « Cela n'est rien moins que juste, ne fût-ce qu'à cause des malversa-

---

(1) *Revue critique de législation*, 1877, p. 143.

tions que cette certitude du gain du fret peut occasionner de la part du maître. Aussi nos auteurs de jurisprudence maritime n'ont-ils point reconnu pour légitime cette stipulation de fret acquis. Kuricke, Loccenius, Cleirac, etc. Elle est néanmoins devenue comme de style dans les voyages de Canada et dans les affrétements faits au roi... Ces affrétements, au surplus, ne se font qu'en temps de guerre déclarée ou prochaine [1]. »

Il paraît que les affrétements faits au roi comportaient des conditions exceptionnellement avantageuses pour les fréteurs. Le roi jouait souvent le rôle d'un véritable assureur, prenant même pour son compte la perte du navire. Cela s'explique parce que ces affrétements étaient faits le plus souvent en temps de guerre ou en prévision d'une guerre. Les risques courus étaient donc considérables et il fallait offrir aux propriétaires un bénéfice d'autant plus grand. Les mêmes raisons devaient faire stipuler des conditions spéciales pour les voyages de Canada, parce que la traversée de l'Atlantique devait exposer les navires aux entreprises des flottes anglaises.

Ainsi, l'article 18 de l'ordonnance visait surtout les risques de prise, et dans la pratique ce n'était qu'en vue de ces risques que l'on stipulait le fret avancé non restituable.

On ne peut accorder une autre portée à l'article 302 paragraphe 2, et il faut se garder de généraliser sa disposition qui est une exception imposée par la force même des

---

[1] Valin, sous l'article 18.

choses. Somme toute, de tous les articles du Code où l'on a cru pouvoir trouver un argument en faveur de la validité de la clause de non garantie, celui-ci est encore le plus étranger à la matière.

Que reste-t-il en définitive de tout ce système, si séduisant au premier aspect ? Certes, il est pénible de se mettre en contradiction avec des autorités aussi considérables, mais il faut cependant le déclarer : tout cela repose sur des déductions un peu subtiles, très logiques, peut-être trop logiques, mais l'esprit de la loi y est profondément méconnu. Le droit maritime est une conception plus pratique que juridique. Encore plus que le droit commercial, il répugne aux généralisations. C'est une matière toute spéciale, où l'on ne peut reconnaître, à proprement parler, qu'un principe : la considération de l'intérêt général du commerce. Il est dangereux d'apporter dans son étude les habitudes de raisonnement rigoureux et logiques du droit civil ; aussi, dans toute cette question des clauses de non garantie, a-t-on vu les tribunaux de commerce, composés d'hommes d'affaires et non de magistrats, se prononcer tout d'abord contre l'opinion que la jurisprudence constante de la Cour de Cassation a fini par leur imposer.

C'est même dans ce monde des affaires, dont les tribunaux de commerce sont les représentants, que s'est fait jour une opinion intermédiaire, qui mérite qu'on s'y arrête, parce que, si elle n'exprime pas la vérité d'aujourd'hui, en l'état actuel de la législation, elle n'en correspond pas moins à une conception des choses très pratique et très équitable.

On a voulu établir une distinction entre les fautes

commises par le capitaine comme commandant du navire dont il a la conduite, et comme agent commercial de l'armateur. Pour employer l'expression consacrée on distingue les fautes nautiques du capitaine et les fautes commerciales.

Dans la première catégorie, rentrent la mauvaise direction donnée au navire, la trop grande impulsion donnée à la machine, l'inobservation des règlements maritimes, notamment ceux pour éviter les collisions en mer, etc...

Dans la deuxième, les négligences commises dans le chargement et le déchargement, l'arrimage vicieux, la confusion entre les marchandises, le défaut de soins entraînant des détériorations ou des pertes.

On propose d'admettre la validité de la clause de non garantie, en tant qu'elle s'applique seulement aux fautes nautiques du capitaine [1].

On fait valoir, à l'appui de ce système, que les fautes nautiques sont ordinairement commises en cours de voyage lorsque la surveillance de l'armateur est impossible. Du reste, l'armateur est en quelque sorte incompétent pour apprécier la capacité professionnelle du capitaine. Il en est tellement ainsi, que le législateur ne l'en a pas laissé juge, et qu'il ne peut exercer son choix que parmi les hommes que l'administration compétente lui a désignés, en leur délivrant un brevet spécial. N'est-il pas juste, dans ces conditions, de permettre à l'armateur de s'exonérer de

---

(1) Cf. notamment Trib. de Comm. du Havre, 12 mars 1888. R. I. D. M. 1888-89, p. 33. — Cf. aussi. Rouen 31 janvier 1887. d° 1887-88, p. 18.

la responsabilité de fautes qu'il ne pouvait ni prévoir, ni empêcher, étant donné surtout qu'il devait croire, à bon droit, pouvoir se fier entièrement à son préposé, du moins à ce point de vue.

Ces considérations sont très justes, et peut-être faut-il regretter qu'elles n'aient pas frappé le législateur. Quoiqu'il en soit, rien dans la loi n'autorise encore cette distinction, comme l'a très exactement fait observer la Cour de Cassation :

« Attendu, dit la Cour, dans un arrêt du 31 juillet 1888, que le Code de Commerce, qui, à raison de l'autorité particulière dont jouit personnellement le capitaine d'un navire lui impose une responsabilité directe et principale, la lui impose aussi bien en ce qui concerne les soins à donner aux marchandises dont il se charge (art. 222. 229), qu'en ce qui regarde la conduite du navire ou autre bâtiment (art. 221) ; que, d'un autre côté, c'est en termes généraux, et sans faire aucune distinction entre les diverses espèces de fautes que l'article 353 du même Code, autorise, de la part de quiconque s'y croit autorisé, les contrats tendant à se faire assurer contre toutes prévarications et fautes du capitaine ou de l'équipage, connues sous le nom de baraterie de patron [1]. »

Il est certain que, quelle que soit la solution que l'on adopte, qu'on repousse ou que l'on admette la validité de la clause de non garantie, il n'est pas possible, en l'état de la législation, d'établir une distinction entre la faute

_____

[1] D. P. 1889. 1. 305.

commerciale et la faute nautique. C'est ce qui explique le
peu de succès qu'a rencontré ce système dans la doctrine [1].

C'est cependant sur ce terrain que l'on pourrait peut-être
concilier le plus avantageusement les intérêts également
respectables des armateurs et des chargeurs. Déjà, dans les
usages du commerce, en Angleterre notamment, la clause
d'exonération est ordinairement restreinte à la faute
nautique. C'est la solution adoptée par la législation américaine. Nous verrons, s'il n'y aurait pas lieu d'établir sur
cette base notre législation future des connaissements.

III

Depuis l'arrêt du 14 mars 1877, la Cour de Cassation a
eu souvent à statuer sur la validité de la clause de non
garantie des fautes du capitaine. Il s'est formé à ce sujet
une jurisprudence nombreuse qu'il est intéressant d'étudier, parce que, d'après certains auteurs, entre autres
M. Lyon-Caen [2], on pourrait distinguer dans cette jurisprudence plusieurs phases distinctes.

L'arrêt du 14 mars 1877, on l'a vu, était formel et

---

(1) Cf. Lyon-Caen et Renault, V. 745.
(2) J. *Palais*, 1887, p. 281, note. S. 1887. 1. 121, note.

absolu ; il reconnaissait à la clause sa portée pleine et entière. Cette théorie, qu'on pourrait appeler la théorie de la validité complète, a été admise par la Cour jusqu'au 21 juillet 1885.

A cette date, la Cour de Cassation a rendu un arrêt qui a paru manifester un revirement d'opinion très accentué :

« Attendu, dit la Cour, qu'en principe, la stipulation de non garantie d'avarie insérée dans un contrat de transport, a pour effet, non d'exonérer le transporteur des consé-quences de sa faute, mais de faire disparaître la présomp-tion générale de faute que l'article 103 Code comm., fait peser sur le voiturier, et de mettre à la charge de celui qui se plaint d'une avarie la preuve d'une faute imputable à celui contre lequel il demande la réparation du dommage ; — Attendu qu'il résulte des constatations du jugement attaqué que la nouvelle Compagnie Marseillaise excipait d'une clause du connaissement qui l'exonérait de toute responsabilité à raison de la rouille ; — Attendu que, sans méconnaître l'existence de cette stipulation, le tribunal de commerce de Nice a déclaré la Compagnie responsable de l'avarie alléguée, par le seul motif qu'elle devait aux marchandises transportées tous les soins nécessaires ; — Attendu qu'une telle déclaration ne contient pas la constatation précise d'une faute déterminée imputable à la Compagnie, constatation qui, en présence de la convention des parties, eût été nécessaire pour motiver la responsabilité ; qu'en condamnant, dans ces circon-stances, la Compagnie à la réparation demandée, le juge-ment attaqué a violé les articles 1134 Code civil et 101

Code comm. et fait une fausse application de l'article
103 du même Code ; — Casse, etc. [1].

Le 1ᵉʳ mars 1887, la Cour rendit un arrêt identique
visant la clause de non responsabilité des avaries provenant
de la casse [2] :

« Attendu, dit-elle encore, que si cette stipulation n'a
pas pour effet d'affranchir le transporteur de toute responsabilité à raison des fautes commises par lui ou ses agents,
elle a pour résultat, contrairement aux règles du droit
commun, d'en mettre la preuve à la charge des expéditeurs
ou des destinataires. »

On a voulu voir dans ces deux arrêts une application à
la clause de non responsabilité de la faute du capitaine de
la théorie admise par la jurisprudence en ce qui concerne
toutes autres clauses d'exonération, théorie qui revient à
ne leur reconnaître d'autre effet que celui de déplacer le
fardeau de la preuve.

Cette opinion nous paraît reposer sur une simple
confusion.

Un connaissement peut renfermer deux sortes de clauses
d'exonération. Par la première, l'armateur stipule qu'il ne
sera pas responsable de certaines causes d'avaries dûment
spécifiées, telles que la casse, la rouille, ou le coulage ; par
la seconde, il stipule qu'il ne sera pas non plus responsable de la faute du capitaine. Ces clauses peuvent ne pas
se présenter simultanément. Dans les espèces soumises à
la Cour de Cassation le 21 juillet 1885 et le 1ᵉʳ mars 1887,

---

(1) S. 1887. 1 121. R.I D.M. 1886-87, p. 641.
(2) *Ibid.*

le connaissement ne portait que la première de ces clauses ;
il est impossible de trouver, dans ces deux arrêts, une
allusion quelconque à une stipulation de non garantie de
la faute du capitaine. La Cour n'a fait donc qu'appliquer
encore une fois la théorie admise par elle, que les clauses
d'exonération d'avaries provenant de la casse et de la
rouille n'ont pour résultat, contrairement aux règles du
droit commun, que de mettre à la charge du destinataire
ou de l'expéditeur la preuve que l'avarie a été occasionnée
par la faute du transporteur et de ses agents, agents dont
ce dernier est responsable, même dans le système de la
Cour de Cassation, tant qu'il ne s'est pas spécialement
exonéré de cette responsabilité.

Somme toute, ces deux arrêts sont étrangers à la clause
d'exonération de la faute du capitaine. Relativement à
celle-ci, aucun revirement ne s'est produit dans la jurisprudence. Nous en trouvons la preuve dans un arrêt de
la Cour de Cassation du 31 juillet 1888, dont nous avons
déjà parlé [1]. Il n'est pas inutile de présenter ici *in extenso*
cet arrêt qui résume d'une façon très claire toute la théorie
de la Cour :

« Attendu qu'il est reconnu par l'arrêt (Douai 15 mars
1886), et d'ailleurs non contesté, qu'une clause des
connaissements de l'espèce stipulait l'irresponsabilité de
l'armement soit pour inexactitude, oblitération ou absence
de marques sur les marchandises transportées par le
« Camdem », soit, d'une manière plus générale, pour la

---

[1] Cf. page 137.

baraterie de patron, et les pertes ou avaries résultant de la négligence, faute ou erreur de jugement du capitaine, des matelots ou autres gens de l'équipage ; — Attendu que, sans méconnaître d'une manière absolue la validité de cette clause, le pourvoi prétend en restreindre les effets à ce qu'il appelle les fautes nautiques du capitaine, par opposition à celles que ce dernier aurait commises comme agent et préposé commercial de l'armement ; — Attendu... (suivent deux considérants déjà cités) ; Que les raisons qui ont fait admettre la validité des clauses semblables ou analogues à celle ci-dessus rappelée, embrassent donc toutes les fautes que peut commettre le capitaine donc les fonctions, déterminées par la loi elle-même, constituent un ensemble qu'il n'est pas permis de diviser ; — Qu'en le décidant ainsi et en déchargeant, par suite, les défendeurs au pourvoi de la responsabilité de la faute par laquelle le capitaine du « Camdem » s'est mis dans l'impossibilité de livrer aux demandeurs en cassation une certaine quantité de marchandises portant les marques et numéros indiqués aux connaissements de l'espèce, l'arrêt attaqué s'est conformé à la loi [1]. »

Cet arrêt lève le doute qu'avait pu faire naître la rédaction peut-être un peut trop vague des arrêts de 1885 et 1887.

La Cour de Cassation ne s'est pas déjugée. Depuis, elle a du reste manifesté plusieurs fois sa fidélité aux principes qu'elle avait posés le 14 mars 1877. Il suffit de s'en référer, notamment, aux arrêts des 12 juillet 1892 [2] et 18 novem-

---

(1) D.P. 1889. 1. 305.
(2) R.I.D.M. 1892-93, p. 14.

bre 1895[1], qui, du reste, ne contiennent aucun argument nouveau.

A l'heure actuelle, on peut dire que la jurisprudence est constante. Une seule Cour, celle de Bordeaux, s'était prononcée, malgré l'avis de la cour de Cassation, contre la validité de la clause qui nous occupe. Dans un arrêt très long et fortement motivé, à l'argumentation duquel nous avons fait souvent appel, elle établissait d'une façon très sérieuse la nullité de la clause (5 février 1889[2]). Elle est revenue sur sa propre jurisprudence par un arrêt du 7 décembre 1892[3], et l'accord est maintenant parfait entre toutes les Cours et la Cour de Cassation.

La clause étant reconnue valable, il reste à examiner les conséquences que la jurisprudence tire de ce principe.

On peut se demander, tout d'abord, à qui il appartient de prouver que l'avarie est ou n'est pas due à une faute du capitaine. La solution ne fait pas de difficulté. L'armateur étant en règle générale responsable, c'est à lui qu'il incombe en l'état d'une clause de non garantie de prouver qu'il est déchargé, et il ne le peut qu'en établissant que l'avarie est due à une faute du capitaine, faute dont il n'est pas responsable, en vertu de la convention. C'est une simple applicaton de la règle : *reus in excipiendo fit actor*. Cf. Cassation, 18 février 1889. R.I.D.M. 1888-89, p. 629.

Il est admis que cette clause doit être interprétée restrictivement, que par exemple elle ne peut s'étendre au

---

(1) R.I.D.M. 1895-96, p. 410.
(2) R.I.D.M. 1888-89, p. 645.
(3) R.I.D.M. 1892-93, p. 521.

capitaine d'un autre navire que celui pour lequel les connaissements ont été délivrés, alors même que le second navire appartient à la même Compagnie[1].

La jurisprudence refuse également d'étendre la portée de la clause aux cas particuliers où les fautes du capitaine pourraient être la cause d'un profit pour l'armateur ou de l'exonération d'une obligation par lui assumée.

Ainsi, lorsqu'il résulte des accords que le fardage était à la charge de l'armement, la faute qu'a commise le capitaine en négligeant de se procurer un fardage suffisant, ne saurait être comptée au nombre de celles dont l'armateur est exonéré par la clause en question[2].

Ainsi encore, la clause est inapplicable au cas où un navire à vapeur a dû brûler des marchandises faute d'approvisionnement suffisant de charbon, lorsque l'approvisionnement insuffisant a été fait à un moment antérieur à l'exécution du contrat d'affrétement. L'armateur est en effet personnellement tenu de mettre à la disposition de l'affréteur un navire muni de tout ce qui est nécessaire pour accomplir le voyage convenu, et il contrevient à cette obligation en ne fournissant qu'un navire insuffisamment approvisionné[3].

Mais, sous ces réserves, la jurisprudence, logique en ses déductions donne au principe de la validité sa pleine et entière portée. Par exemple, dans le cas de sous-affrétements, l'interprétation de la clause peut donner lieu à une

---

(1) Trib. civil Tunis, 9 mars 1889. R. I, D. M. 1889-90, p. 139.
(2) Trib. comm. Marseille, 20 décembre 1887. J. M. 1888, 1. 83.
(3) Cour d'Aix, 8 décembre 1893. J. M. 1894. 1. 44.

difficulté. Supposons que l'affréteur d'un navire ait accepté la clause qui exonère l'armateur de toute responsabilité des fautes du capitaine, et qu'il consente ensuite divers sous-affrétements sans y insérer la même clause. L'armateur reste évidemment, en vertu de l'article 216, seul garant des fautes de son capitaine vis-à-vis des sous-affréteurs, sans pouvoir leur imposer une clause d'un contrat auxquels ils sont restés étrangers. Mais sous peine d'enlever toute portée à cette clause, il faut admettre que l'armateur a dans ce cas un recours contre l'affréteur principal. C'est la conséquence logique de la validité de la clause, et, toutes réserves faites sur le principe, il convient d'approuver la solution en ce sens adoptée dans ce cas particulier par le Tribunal de Marseille [1].

Signalons une question importante et délicate.

La clause d'exonération de la responsabilité des fautes du capitaine étant reconnue valable, doit-elle s'appliquer à toutes les conséquences de ces fautes, notamment à celles intéressant le navire, avaries ou dépenses. Ces avaries ou dépenses devront-elles rester avaries particulières, ou au contraire être considérées comme avaries communes. La question surprend tout d'abord, mais il ne faut pas oublier que l'opinion dominante n'hésite pas à assimiler le chargeur à un assureur de la baraterie du patron, et des armateurs ont essayé de faire admettre les avaries dont nous parlons en avaries communes. C'est là une prétention exorbitante, et même en reconnaissant à la clause d'irres-

---

(1) Trib. comm. de Marseille, 20 novembre 1893. J. M. 1894. 1. 52.

ponsabilité la portée la plus large et la plus absolue, il est difficile d'aller aussi loin. Car enfin, si l'on peut soutenir, avec une apparence de raison, que le chargeur joue dans ce cas le rôle d'un assureur, encore est-ce seulement en ce qui concerne sa propre marchandise, mais ce qui est tout à fait inadmissible, c'est de vouloir le rendre garant pour partie vis-à-vis de l'armateur des fautes du capitaine.

La clause de non garantie constitue sans doute une dérogation à l'article 216 du Code de Commerce, mais elle ne peut modifier la situation créée par l'article 403 du même Code qui classe parmi les avaries particulières les dépenses faites et les dommages soufferts pour le navire seul. Ce système avait été adopté par la Cour de Rouen dans un arrêt du 21 décembre 1892 [1].

Cette décision semble en contradiction avec la jurisprudence de la Cour de cassation.

En 1878, en effet, cette question s'était posée devant la Cour suprême mais dans une espèce un peu spéciale. Le navire *Amérique* avait subi au cours de sa traversée une voie d'eau considérable, dont il était impossible de découvrir la cause. Il dut être abandonné en pleine mer à l'état d'épave, et ce n'est qu'après quelques jours qu'il fut rencontré par des sauveteurs anglais qui s'étaient mis à sa recherche et remorqué jusqu'à Plymouth. On découvrit alors que la voie d'eau était due à une cause normale qu'il eût été facile de découvrir et de faire disparaître. La Compagnie Transatlantique, propriétaire du navire, en négocia

---

(1) J. M. 1893, II. 88.

le rachat, et en reprit possession ainsi que de la cargaison moyennant une indemnité très importante. Elle réclama ensuite aux chargeurs leur part contributive dans le prix de rachat qui devait, selon elle, être classé en avarie grosse. Ce système fut accueilli par la Cour de Rouen et par la Cour de Cassation (2 avril 1878[1]). Mais il ne faut pas oublier que, dans l'espèce, les dépenses, dont on réclamait l'admission comme avarie commune, avaient été occasionnées par un abandon. Or, « l'abandon en mer, comme le dit fort bien M. de Courcy[2], est la renonciation même au salut du navire et de la cargaison ». Par ce fait tout lien est détruit entre l'armateur et les chargeurs; le connaissement et la charte partie n'existent plus. Si donc l'armateur a racheté le navire et la cargaison ce n'est plus comme transporteur qu'il a agi, il n'y a plus de contrat de transport, c'est, quoi qu'en dise la Cour dans ses considérants, comme gérant d'affaires. Il a fait l'affaire des chargeurs en faisant la sienne propre, et à ce titre il a un recours contre eux. Et il en est tellement ainsi que l'on conçoit parfaitement que, dans un cas semblable, l'armateur et le chargeur traitent séparément avec le sauveteur pour le rachat de ce qui leur appartenait. Cet arrêt du 2 avril 1878 se justifie donc par des motifs particuliers; c'est essentiellement un arrêt d'espèce[3].

On peut en dire autant d'un arrêt rendu par la Cour d'Aix le 1er août 1892[4], mais adoptant le système opposé.

---

(1) D. P. 1878. 1. 479.
(2) Questions maritimes I, p. 251.
(3) Cf. R. I. D. M. 1891-92, p. 606. Article de M. Marais.
(4) D. P. 1894. 2.561. Note de M. Levillain.

Les dommages dont on réclamait l'admission en avarie commune consistaient en une certaine quantité de charbon composant la cargaison. que le capitaine avait dû faire brûler, à défaut d'un approvisionnement suffisant. La Cour refusa d'appliquer la clause stipulée par l'armateur de la non responsabilité des fautes du capitaine. C'est qu'en effet la faute initiale, l'approvisionnement de charbon insuffisant, était le fait de l'armateur, tenu de fournir un navire muni de tout ce qui est nécessaire à l'exécution du contrat de transport. Or nous avons vu qu'il était de jurisprudence constante que le transporteur ne peut s'exonérer de la responsabilité de sa faute personnelle. Il n'y avait donc pas lieu de tenir compte de la clause de non garantie insérée au connaissement, la faute du capitaine n'était pas en question, et par suite la Cour n'avait pas à se demander quelle influence cette clause pouvait avoir sur le caractère de l'avarie. On peut donc dire que cet arrêt ne tranche pas la difficulté.

Mais la Cour de Cassation a eu récemment à se prononcer sur la question, débarrassée de toutes circonstances spéciales, telle qu'elle s'était déjà présentée devant la Cour de Rouen.

Le 12 juin 1894[1], réformant un arrêt de la Cour de Douai du 11 juillet 1891, elle s'exprimait en ces termes :

« Attendu qu'il n'importe que le changement de route. la relâche et les frais qu'ils ont occasionnés doivent être attribués, non à une fortune de mer, mais, d'après la Cour

----

[1] D. P. 1883. 1. 41. Note de M. Audouin.

de Douai, à un fait imputable à Crowley (le capitaine); que si, en effet, les dommages qui sont la conséquence d'une faute du capitaine ou de l'équipage sont, en principe, avaries particulières, l'armateur s'était, dans l'espèce, exonéré de la responsabilité de ces sortes de fautes par une clause de la charte-partie, dont l'arrêt attaqué a proclamé lui-même la validité, et à laquelle il a donné effet ; attendu dès lors que les dépenses causées par la relâche de l'*Alexandre Lawrence* à l'île Maurice devaient être classées en avaries communes.... »

On peut reprocher à la Cour de donner à l'appui de son système une simple affirmation et non la justification que l'on serait en droit d'attendre. Car enfin si l'arrêt du 2 avril 1878 pouvait se justifier en l'état des circonstances particulières que nous avons signalées, la décision que nous venons de rapporter est loin d'être dans le même cas. M. Desjardins disait déjà en 1878 : C'est une illégalité greffée sur une illégalité. La Cour de Cassation semble en vérité attribuer aux clauses d'exonération une portée sans cesse croissante ; cette jurisprudence trop conséquente avec elle-même en arrive à dénaturer pour la mieux respecter une stipulation déjà exorbitante en soi, et, sans aucun doute, elle justifie les réclamations toujours plus nombreuses que suscitent les agissements des transporteurs.

CHAPITRE II

I

Il nous reste à traiter deux questions spéciales qui nécessitent un développement particulier à cause des difficultés qu'elles soulèvent.

L'armateur et le capitaine peuvent-ils stipuler qu'ils ne seront pas responsables de la faute des gens de l'équipage ?

Peuvent-ils également stipuler qu'ils ne seront pas responsables de la faute des passagers ?

Voyons d'abord ce qui concerne les gens de l'équipage.

Le propriétaire du navire est-il responsable de leurs faits comme de ceux du capitaine ?

L'article 216 est muet sur ce point, mais il semble cependant que l'affirmative ne fasse pas de doute. Cela résulte implicitement de l'article 217.

« Les propriétaires des navires équipés en guerre, dit cet article, ne seront toutefois responsables des délits et déprédations commis en mer par les gens de guerre qui sont sur leurs navires, ou par les équipages que jusqu'à concurrence de la somme pour laquelle ils auront donné caution, à moins qu'ils n'en soient participants ou complices. »

Cette exception implique bien en règle générale la responsabilité du propriétaire, et on peut trouver également un argument à l'appui de ce système dans les articles 353 et 405 qui assimilent les fautes de l'équipage à celles commises par le capitaine.

La loi romaine était formelle à cet égard :

« *Qui nautas adbibet non contrahi cume is permittit sed culpâ et dolo carere eos curare debet,* » disait Ulpien au fr. 1, par. 2 *de exercitoriâ actione*; et nous retrouvons la même disposition au titre *nautæ, caupones,* etc. « *Debet exercitor omnium nautarum suorum sive liberi sint, sive servi, factum præstare*[1]. »

Valin sur l'article V. II. 1. de l'ordonnance de 1681 est aussi explicite :

« Le propriétaire est responsable des fautes et délits des gens de l'équipage comme des faits du maître. Leg. 1 2 *ff, de exercit. act. et ibi Vinnius s. Peckius,* fol. 78, n. B. »

Les faits de ce genre rentrent du reste dans la baraterie de patron.

« Les termes de baraterie de patron, dit en effet Pothier (Contrat d'assurance, n° 65), comprennent toutes les espèces tant de dol que de simple imprudence, défaut de soin et impéritie tant du patron que des gens de l'équipage. »

---

(1) IV. IX, 7.

Il faut donc en ce qui concerne les gens de l'équipage établir une distinction entre leurs engagements et leurs fautes. Loccenius insistait sur ce point avec beaucoup de raison.

« On ne peut pas, disait-il, donner une action contre l'armateur à raison des engagements contractés avec les gens de l'équipage, car nul ne peut supposer que l'armateur ait autorisé les tiers à traiter avec eux. Au contraire, il est tenu de leurs faits délictueux ; tant pis pour lui s'il les choisit, on les accepte tels qu'ils puissent le compromettre par leur faute ou par leur dol. Celui qui emploie de mauvais subordonnés est lui-même en faute [1]. »

Sans doute cette disposition peut paraître dure dans le cas où l'armateur n'a pas concouru à la formation de l'équipage, mais il ne faut pas oublier que le choix du capitaine, même agissant seul, ne s'exerce que par délégation de l'ayant droit, par conséquent l'armateur doit être responsable du mauvais choix de son préposé comme il le serait du sien propre [2].

« Le propriétaire, dit la Cour de Cassation, n'est pas seulement responsable civilement des fautes du capitaine, il l'est aussi des fautes que les gens de l'équipage commettent dans le service auquel ils sont employés [3]. »

Et, faisant application de ce principe, le Tribunal civil du Havre, a jugé le 26 janvier 1872 [4], que le propriétaire est

---

(1) *De jure maritimo* III. C. vii, n° 11.
(2) Laurin, S. *Cresp*. I. p. 620.
(3) 29 Mars 1854, D. P. 1854. 1.235.
(4) J. M. 1872. 2. 54.

responsable des suites des punitions illégales ou des mauvais traitements infligés à un homme de l'équipage par un officier du bord.

La responsabilité du propriétaire ne fait donc aucun doute, malgré le silence apparent de la loi, et il faut admettre cette solution même lorsqu'il s'agit de fautes commises par le pilote lamaneur. « Il importe peu, dit fort bien M. Desjardins[1], que le ministère du pilote soit imposé par les règlements, et que celui-ci doive être choisi dans une certaine classe d'hommes chargés à l'exclusion de tous autres, de diriger les navires « entrant ou sortant des havres ou passant par des costes ou passages dange-reux » (Guidon de la mer). Cette mesure de précaution prise dans l'intérêt bien entendu de l'armement, ne saurait être retournée contre les tiers auxquels le navire, à la suite d'une fausse manœuvre, a causé un préjudice : la présence du pilote à bord ne peut pas priver les tiers de leur recours contre l'armateur. Celui-ci, d'ailleurs, savait que le capi-taine devait, dans certains cas, faire appel au pilote ; il est réputé l'avoir employé lui-même. »

La Cour de Rennes[2], dans un arrêt fondé sur les mêmes motifs, avait déjà adopté cette solution, qui est la seule raisonnable et conforme aux principes (3 août 1832).

Quelle sera la valeur de la clause par laquelle l'armateur s'exonérera de cette responsabilité ?

A supposer qu'elle se présente sans être combinée avec une clause d'exonération de la responsabilité des fautes du

---

(1) II. 274.
(2) S. 1832. 2. 547.

capitaine, elle sera indiscutablement nulle. On ne peut plus invoquer ici les motifs que nous avons discutés précédemment : impossibilité de surveillance, effacement de la personnalité du propriétaire, responsabilité personnelle de l'auteur du délit vis-à-vis des chargeurs. Aucun de ces motifs ne peut s'appliquer aux gens de l'équipage, simples employés inconnus du public, entièrement assimilables aux agents des Compagnies de chemins de fer. La clause n'est admissible que si elle s'étend aux fautes commises par le capitaine. En effet, la faute des gens de l'équipage implique nécessairement une faute du capitaine, mauvais choix ou défaut de surveillance, et la question en revient à se demander si la clause est valable en ce qui concerne cette faute du capitaine.

C'est ce qui explique que l'on ne puisse pas trouver une seule décision relative à une espèce où la clause d'exonération soit spéciale aux fautes des gens de l'équipage sans y comprendre le capitaine. En fait une semblable clause ne se présente jamais. Tous les arrêts statuent sur une clause comprenant le capitaine seul, ou le capitaine et l'équipage, et nous ne pouvons que renvoyer pour la solution à adopter aux arrêts que nous avons précédemment cités. Ils n'établissent en effet aucune distinction entre le capitaine et l'équipage et déclarent la clause valable dans tous les cas, et cette solution s'imposait étant donné le système de la jurisprudence. L'exonération pour le propriétaire de la responsabilité qui lui incombe relativement aux fautes commises par l'équipage est la conséquence nécessaire de son irresponsabilité relativement aux fautes du capitaine.

Il est beaucoup plus délicat de se prononcer sur la validité de la clause par laquelle le capitaine lui-même s'exonère
de la responsabilité des fautes de l'équipage. La solution
de cette question dépend essentiellement de celle que l'on
adopte dans une question très controversée : le capitaine
est-il responsable des fautes de l'équipage ?

M. Ch. Lyon-Caen dans un article publié en 1895[1], et
dans son *Traité de droit commercial* (V. 521), se prononce
pour la négative.

« Le commettant des gens de l'équipage n'est pas le
capitaine mais l'armateur. Le capitaine, quand il les engage,
le fait au nom et pour le compte de celui-ci. C'est ainsi que
l'employé qui, dirigeant une usine, choisit les ouvriers,
n'est pas responsable des faits des ouvriers qu'il choisit
pour son patron en vertu de l'art. 1384. Code civil. Il serait
serait exorbitant de rendre le capitaine responsable des
faits de personnes qui ne travaillent pas pour lui et dont
les services ne lui profitent pas. »

On peut faire valoir à l'appui de cette opinion un inci-
dent des travaux préparatoires sur l'article 221 Code comm.
A propos de l'article 51 du projet correspondant à l'article
221, les sections réunies de législation et de l'intérieur du
Tribunat présentèrent les observations suivantes : « N'a
pas paru très clair. Est-ce des fautes du capitaine seul, ou
conjointement ou séparément de son équipage ? Dans la
première supposition, il conviendrait de dire : est garant de
ses fautes, même légères, dans l'exercice de ses fonctions.

---

(1) *Revue critique*, 1895, p. 353.

Dans la seconde : est garant de ses fautes et de celles de son équipage, même légères, dans l'exercice de leurs fonctions. » C'est la première de ces deux rédactions qui a passé dans le Code de Commerce.

Nous croyons au contraire que le capitaine est responsable des fautes de l'équipage.

Cela ne faisait aucun doute pour nos anciens auteurs :

« Si c'est par le fait ou la négligence du maître (du navire), ou de ses gens, que les marchandises sont endommagées, il est obligé d'indemniser l'affréteur de ce qu'elles valent de moins [1] ».

« C'est au maître du navire, dit aussi Valin [2], que sont confiées les marchandises qui y sont chargées, c'est donc à lui d'en répondre, sauf les accidents maritimes, non procédant de son fait, ou de sa faute ou de ses gens ».

Cette solution est toujours la seule exacte. On objecte en vain que l'art. 227 C. Comm. n'impose au capitaine l'obligation de se trouver à son bord, en personne, qu'à l'entrée ou à la sortie des ports, havres ou rivières, ce qui implique bien qu'il n'est pas tenu de rester continuellement dans son navire. Cette considération ne peut influer en rien sur la responsabilité du capitaine comme commettant, à raison du fait de ses préposés, qui demeure exclusivement régie par l'article 1384 C. civ. [3] Il n'est pas douteux que le capitaine ne soit le maître ou le commettant des hommes de son bord ; c'est lui qui les choisit, et l'arma-

---

(1) Pothier. Louage maritime. part. 1, sect. 2, n° 38.
(2) Sur l'ordonnance de 1681. liv. II, tit. I, art. 9.
(3) Saurdat, II. 1014 et s.

teur n'a, sur ce choix, qu'une influence tout à fait secondaire. Et quand bien même le choix de l'équipage eût été
effectué sans la participation du capitaine, celui-ci demeure
toujours responsable parce qu'il était libre de ne pas accepter les hommes qu'on lui offrait. Il devient leur commettant
dès l'instant qu'il les accepte pour servir sous ses ordres.
Et, à ce titre, il ne peut pas lui être permis d'invoquer pour
excuse qu'il n'a pu empêcher le fait, et qu'il n'était pas à
bord du navire. Il est dans la même situation que le propriétaire du navire qui est civilement responsable des faits
du capitaine et des gens de mer, bien qu'il demeure toujours à terre, et qu'il soit dans l'impossibilité de les surveiller.

M. de Courcy critique vivement cette théorie :

« La justice est blessée, dit-il, si un capitaine que je
suppose personnellement irréprochable.... est réduit à la
misère parce que son second, le timonier ou le pilote,
entendant mal un ordre dans les bruits de la tempête aura
mis la barre à tribord au lieu de la mettre à bâbord, ou
parce que, tandis qu'il goûtait quelques instants de repos,
l'officier de quart aura manqué de vigilance [1] ».

Ces considérations ne sont pas spéciales au cas qui nous
occupe. Elles s'appliquent avec autant de raison à tous
les commettants, et il n'en résulte pas pour cela que la
responsabilité des commettants constitue une iniquité.

Le législateur a posé une règle générale utile à la société
tout entière. Il se peut que dans certains cas, elle lèse des

---

[1] Questions maritimes, II, 101.

intérêts privés respectables; mais cela n'est pas une raison, les cas fussent-ils encore plus favorables, pour faire fléchir la loi devant l'équité.

Notons que si, dans le système admis actuellement, la responsabilité du capitaine n'embrasse que les fautes commises par les gens de l'équipage dans le service auquel ils sont employés, et cela en vertu même de l'art. 1384 Cod. civil, cette responsabilité était beaucoup plus étendue dans notre ancien droit. En effet, l'art. 25 de l'Ordonnance du 3 mars 1781, sur la navigation dans les échelles du Levant, était ainsi conçu : « Toutes les avaries et les dépenses occasionnées par les gens de mer, soit à terre soit à bord, demeureront à la charge des capitaines, maîtres ou patrons, solidairement avec les armateurs des bâtiments. »

Cette responsabilité civile, du capitaine, ainsi qu'on l'entend actuellement, cesse-t-elle devant la preuve de la force majeure, comme sa responsabilité propre, en vertu de l'article 230.

Dans la rigueur des principes, il semble assez difficile de l'admettre. L'art. 230, en effet, règle spécialement la responsabilité personnelle du capitaine comme voiturier, mais non sa responsabilité comme commettant. Or, en cette dernière qualité, il reste garant dans tous les cas, parce que c'est en raison d'une faute personnelle qu'il est responsable. Le choix d'un préposé infidèle et négligent suffit pour entraîner la responsabilité civile. Dès qu'il y a faute de la part du préposé, l'événement ne peut plus être considéré, par rapport au commettant comme un cas de force majeure. *Culpa precessit casum.*

Cependant certains auteurs, entr'autres, M. Desjardins [1], admettent que le capitaine peut se prévaloir même dans ce cas de l'article 230, pourvu qu'il puisse invoquer une véritable force majeure. Ce système est dangereux parce qu'il sera souvent bien difficile d'apprécier si l'événement était réellement tel que le capitaine n'ait pu ni le prévoir ni l'empêcher.

La jurisprudence est conforme aux principes que nous venons de développer.

La Cour de Cassation en a fait une application rigoureuse dans un arrêt du 30 juillet 1869 [2].

Il s'agissait dans l'espèce d'un transport illicite de lettres effectué par le cuisinier d'un navire chargé du service postal. La Cour déclara en ce cas le capitaine responsable, même pénalement, du délit commis par son préposé :

« Attendu que le capitaine X. était, sur le navire qu'il commandait, le représentant de l'administration des Messageries impériales ; que son autorité embrassait toutes les parties du service dont il était chargé ; que les hommes de l'équipage étaient soumis à sa surveillance et à ses ordres, et qu'il doit être, par cela même, personnellement responsable de toute immixtion dans le transport des lettres effectuée sur le navire confié à sa garde et à sa vigilance ; — Attendu que le cuisinier du bord est compris dans le personnel de l'équipage, dont la composition est réglée par l'art. 23 du cahier des charges : qu'à ce titre il était un des agents et subordonnés placés sous la direction du

---

(1) II, 382.
(2) D. P. 1870. 1. 92.

capitaine de navire; que, conséquemment, la contraven-
tion commise par G. entraînait la responsabilité pénale
de X. conformément à l'art. 9 de l'arrêté du 27 Prairial, an
9 [1]. »

Un arrêt de la Cour de Paris, du 30 juillet 1873 [2] semble
admettre la restriction proposée par M. Desjardins.

« Attendu, dit l'arrêt, que le capitaine R. était à terre,
lors du sinistre; qu'il y était dans les termes du règlement
et de l'usage; qu'il n'avait quitté son bord qu'après avoir
délégué ses pouvoirs à des mains autorisées; que rien alors
ne pouvait lui faire prévoir le sinistre; qu'aucun fait de
faute propre ne peut lui être reproché par son armateur;
que celui-ci aurait été sans action contre lui. »

La responsabilité du capitaine pour les fautes des gens
de l'équipage, soumise ou non à la restriction de l'art.
230, doit donc être formellement admise.

Quelle sera maintenant la valeur de la clause stipulée
par le capitaine pour l'exonérer de cette responsabilité?

M. Lyon-Caen [3], dit qu'il est impossible d'apercevoir un
motif de droit pouvant expliquer que le capitaine ne peut
pas se décharger de la responsabilité des fautes des gens
de l'équipage, alors que l'armateur peut se décharger de
celles du capitaine. Dans l'un et l'autre cas, il s'agit toujours d'empêcher une personne de répondre des fautes
d'autrui. Le savant auteur ne voit qu'une différence de
fait : la surveillance de l'armateur sur le capitaine est diffi-

---

(1) Arrêté sur le service des postes.
(2) D. P. 1876. 2. 164.
(3) *Revue critique*, 1895, p. 353.

cile ou impossible; celle du capitaine sur les gens de l'équipage peut s'exercer d'une façon sérieuse.

Pour nous, qui n'avons pas admis la validité de la clause exonérant l'armateur de la responsabilité des fautes du capitaine et de l'équipage, la question ne fait également aucun doute. Le capitaine, pas plus que n'importe quel commettant, ne peut se décharger de la faute de ses préposés : les gens de l'équipage. En droit il n'y a aucun motif pour lui faire une situation spéciale, puisque la loi l'assimile à un voiturier, et que nous avons reconnu la nullité des clauses d'exonérations stipulées par les voituriers. En fait, cette responsabilité est moins lourde que celle qui pèse sur les autres commettants, puisque le capitaine a la possibilité de surveiller constamment les hommes de son équipage.

Il n'y a aucune assimilation à établir entre la clause stipulée par le capitaine et celle stipulée par l'armateur. Rappelons que l'une des principales considérations que l'on présente à l'appui de la théorie admise par la jurisprudence en matière de clauses d'exonération stipulées par l'armateur, c'est que ce dernier ne joue, du moins on le prétend, que le rôle d'un commissionnaire de transports auquel est applicable l'art. 98 du Cod. comm. Le véritable voiturier serait dans l'espèce le capitaine.

La jurisprudence n'est donc pas en contradiction avec elle-même, lorsqu'elle admet dans les deux cas des solutions différentes.

S'agit-il d'une clause d'exonération stipulée par l'armateur, elle la déclare valable avec toute sa portée. La clause est-elle au contraire stipulée par le capitaine, la jurisprudence faisant encore une fois application de la théorie de Troplong que nous avons étudiée et réfutée en traitant de l'exonération de la faute personnelle, ne lui reconnaît d'autre effet que celui de déplacer le fardeau de la preuve.

La Cour de Cassation a rendu récemment un arrêt, où elle adopte ce système.

Il s'agissait dans l'espèce d'un incendie occasionné par la négligence du second, et le capitaine opposait aux réclamations des chargeurs une clause qui exceptait le feu, et tous accidents de navigation dus à la faute, l'erreur ou la négligence du capitaine. La faute des gens de l'équipage n'était pas expressément exceptée, mais la Cour a résolu implicitement la question à ce point de vue :

« Attendu, dit-elle, que dans les principes de notre législation, la clause de non-garantie d'avaries insérée dans un contrat de transport, n'est légale qu'en tant qu'elle a pour effet de mettre la preuve des fautes du transporteur, ou de celle des agents placés sous ses ordres à la charge de ceux qui demandent la réparation du dommage ; que, dès lors, c'est à bon droit qu'après avoir constaté que, dans l'espèce, l'incendie avait été causé par une imprudence des hommes de l'équipage, l'arrêt attaqué (Douai. 16 juillet 1891) a déclaré le capitaine Cowley responsable de ses suites, et l'a condamné à payer à Saint frères la somme de 66.725 fr. pour réparation du dommage advenu à leurs marchandises. (Cassation, 12 juin 1894)[1] ».

Tel est le dernier état de la jurisprudence.

---

(1) D. P. 1895. 1. 41. *Revue critique.* 1895. p. 153. Cf. pour une autre solution adoptée par ce même arrêt le chapitre précédent, page 145 et s.

II

La question est beaucoup plus délicate en ce qui concerne les fautes commises par les passagers.

L'armateur et le capitaine sont-ils responsables de ces fautes?

Les textes sont rares en cette matière qui offre un intérêt plutôt théorique que pratique. Cependant il peut arriver que par une faute d'un passager les marchandises souffrent quelque dommage dont les chargeurs demandent la réparation au capitaine et à l'armateur. La loi est muette sur ce point, comme du reste sur tout ce qui concerne le transport des voyageurs par mer ou par terre, cette industrie n'ayant pas au commencement du siècle l'importance qu'elle a prise de nos jours. Il faut donc s'en référer à notre ancien droit et aux principes admis pour la responsabilité des aubergistes.

De nos anciens auteurs, Emerigon est le seul qui ait incidemment traité cette question :

« La loi 1re par. 1 ff. *nautæ*, dit que le capitaine est garant non seulement de l'inconduite des mariniers, mais encore de celle des passagers : *factum non solum nautarum præstare debet sed et vectorum*. D'où il semble que les assureurs ne répondent pas des pertes et dommages occasionnés sur mer par des passagers et par les gens de guerre. Cela est vrai, s'il a été au pouvoir du capitaine de l'empêcher; mais s'il n'y a eu absolument aucune faute de sa part, l'accident arrivé sur mer par le délit des passagers ou des gens de guerre, sera à la charge des assureurs parce que l'ordonnance n'excepte que les pertes qui arrivent par la faute du maître et des mariniers. »

Ce texte est important parce que en assimilant les passagers aux gens de guerre il complète heureusement l'art. 217 C. comm. Cet article ne parle pas des passagers, mais certainement il les comprend implicitement, La solution ne peut pas en effet être différente sous le Code de Commerce et sous l'Ordonnance, parce que les principes sont identiques. Ainsi l'on doit décider que le propriétaire est responsable des fautes de toutes les personnes autres que le capitaine et les gens de l'équipage, qui se trouvent à bord. Cela ne provient pas de ce qu'il existe entre lui et ces personnes des relations de commettant et préposés. Les passagers et les gens de guerre ne sont pas les préposés du propriétaire. L'article 1384 est étranger à la question : c'est ailleurs qu'il faut rechercher le fondement de cette responsabilité.

« Le voiturier, dit M. Sourdat[1], pourra difficilement faire considérer comme un cas fortuit, ou de force majeure, le fait d'une personne qui se trouverait sur le navire, le bateau ou la voiture. en qualité de passager, voyageur ou

---

(1) II. 1019.

autre, car il est assujetti aux mêmes obligations que l'aubergiste. Or l'aubergiste répond, d'après l'art. 1953, du fait des personnes allant et venant dans l'hôtellerie aussi bien que de ses préposés. »

Sur ce dernier point aucun doute n'est possible :

« L'hôtelier répond non seulement des dommages que lui ou ses domestiques ont personnellement occasionnés, mais encore de ceux qui ont été causés, soit par des personnes logées dans l'hôtellerie, soit même par des étrangers qui s'y seraient furtivement introduits [1]. »

Et, en effet, la surveillance que l'hôtelier doit exercer serait illusoire si elle ne s'étendait pas aux personnes allant et venant dans l'hôtel.

Cette considération conduit à proclamer dans le même cas la responsabilité du propriétaire du navire et du capitaine. Sans doute le propriétaire qui n'est pas sur le navire ne peut pas exercer de surveillance sur les passagers, mais ses préposés, le capitaine et les gens de l'équipage l'exercent pour son compte. La responsabilité découle de l'assimilation faite par la loi, du voiturier au dépositaire nécessaire.

La loi romaine est très explicite sur ce point : « *Nauta, et caupo, et stabularius mercedem accipiunt, non pro custodia, sed nauta, ut trajiciat vectores; caupo, ut viatores manere in caupona patiatur, stabularius, ut permittat jumenta apud eum stabulari; et tamen custodiæ nomine tenentur, sicut fullo et sarci-*

---

(1) AUBRY et RAU. IV. n° 406.

nator; non pro custodiâ, sed pro arte mercedem accipiunt, et tamen custodiæ nomine ex locato tenentur [1]. »

Nous avons déjà signalé en traitant de la responsabilité des voituriers le caractère exceptionnel de cette disposition de la loi.

En ce qui concerne le capitaine il existe même une autre raison pour le déclarer responsable des fautes des passagers.

Aux termes de l'article 97 du décret du 24 mars 1852, le capitaine a, non seulement sur les gens de l'équipage, mais encore sur les passagers, « l'autorité que comportent la sûreté du navire, le soin des marchandises et le succès de l'expédition. » En conséquence le capitaine peut parfois infliger des peines aux passagers (art. 54 du décret du 24 mars 1852). Là où est l'autorité doit être également la responsabilité. Le capitaine doit donc être responsable puisqu'il peut réprimer par des peines coercitives les actes d'insubordination de toutes les personnes qui sont à bord. Et la responsabilité de l'armateur est la conséquence directe de celle du capitaine, dont il est le garant dans tout ce qui se rattache à l'exercice de ses fonctions [2].

M. Desjardins trouve cette solution trop absolue [3]. Il voudrait que la responsabilité cessât, lorsque la surveillance du capitaine était impossible et son autorité impuissante. C'était déjà l'opinion émise par Emerigon dans le passage que nous avons cité plus haut.

---

(1) *Nautæ, caupones.* IV. IX. 5.
(2) Cf. LAURINS s. *Cresp.* I. p. 621.
(3) II. nº 274. 383.

« Je n'aperçois pas, dit M. Desjardins, sur quel principe ou sur quel texte on peut s'appuyer pour rendre le propriétaire responsable d'une faute commise par un passager si le capitaine a pris toutes les précautions possibles pour la prévenir. M. Boistel[1] me paraît avoir bien résolu le problème en n'étendant la règle de l'art. 216, § 1, aux fautes des passagers que dans la mesure où l'autorité du capitaine pouvait les empêcher. »

Cette restriction ne nous paraît pas devoir être admise en l'état de l'assimilation du voiturier à l'aubergiste qui doit dominer toute cette matière. Le seul fait de recevoir à bord des personnes étrangères à l'équipage engage la responsabilité du capitaine, n'eût-il sur ces personnes aucun pouvoir disciplinaire, ce qui est le cas de l'aubergiste, et dans ces conditions peu importe que son autorité ait ou n'ait pas pu empêcher le délit d'être commis.

Cette responsabilité ainsi comprise laisse-t-elle place à une clause d'exonération ? Il est assez difficile de l'admettre.

En fait, cependant, cette clause est de style dans les connaissements. La clause suivante peut servir de type :

« La Compagnie ne répond pas des fautes ou négligences quelconques de ses capitaines, ni de celle des pilotes, marins ou autres personnes embarquées à bord de ses navires à quelque titre que ce soit[2]. »

Nous n'avons pu trouver dans les différentes espèces soumises à la jurisprudence un cas où il s'agit spécialement d'une faute commise par un passager. On conçoit qu'il

---

(1) 2ᵐᵉ édit. p. 882.
(2) Formule de la Cⁱᵉ des Messageries Maritimes.

soit assez rare qu'une pareille faute n'implique pas une faute du capitaine, ne serait-ce qu'un défaut de surveillance ; et dans ce cas la valeur de la clause est tout entière dans l'exonération de la faute du capitaine. A supposer qu'un pareil cas se présentât, il ne semble pas que l'on puisse soutenir, même en adhérant à la jurisprudence de la Cour de Cassation qu'une semblable cause ait pleine et entière portée.

Il n'y a pas de raison en effet pour traiter la claus. d'irresponsabilité appliquée à la faute des passagers autrement que quand elle s'applique aux fautes de l'équipage ou de l'armateur lui-même.

Cette clause doit donc être considérée comme nulle dans le système que nous avons adopté. Il est à remarquer que l'on s'accorde en général à considérer également comme nulles les restrictions qu'un hôtelier tenterait d'imposer aux voyageurs relativement à la responsabilité qui lui incombe. Certains hôteliers affichent dans leur hôtel un avis déclarant qu'ils ne se considèrent pas comme responsables des objets précieux qui n'ont pas été remis en dépôt au bureau de l'hôtel. On dit en général que cet avis ne lie pas les voyageurs[1]. On considère, en effet, que ceux-ci sont forcés de descendre dans les hôtels et qu'il ne peut dépendre d'une entente entre les hôteliers de modifier les règles d'ordre public tracées par le législateur pour assurer la sécurité des effets des voyageurs.

Des raisons analogues devraient faire proscrire dans tous

---

(1) Cf. Guillouard. Du dépôt, n° 151.

les cas les clauses de non garantie stipulées par les transporteurs. Dans le cas spécial qui nous occupe, l'assimilation étant encore plus complète entre le transporteur et
l'hôtelier, la même solution s'impose dans les deux cas.

Il est à présumer, toutefois, que si la jurisprudence avait
à statuer particulièrement sur la validité d'une clause de
non garantie des fautes des passagers, elle resterait fidèle
à ses errements et lui reconnaîtrait au moins pour effet de
déplacer le fardeau de la preuve et de l'imposer au chargeur.
Quoi qu'il en soit, c'est raisonner sur une hypothèse, car,
nous le répétons, à notre connaissance le cas ne s'est pas
présenté.

DROIT ÉTRANGER

Les conditions du commerce maritime étant les mêmes dans presque tous les pays, la question de la validité des clauses d'irresponsabilité devait se poser sous toutes les législations.

Il est intéressant de connaître les solutions adoptées en cette matière par la jurisprudence des pays étrangers, surtout de ceux qui occupent une place considérable dans le commerce universel.

ANGLETERRE.— En Angleterre, où les clauses d'exonération ont pris naissance, on admet en général, à l'heure actuelle, la validité de la clause par laquelle l'armateur s'exonère de la responsabilité des fautes du capitaine, « negligence clause. »

Dans les usages anglais elle se présente sous deux formes :

1º Exonération absolue s'étendant à toutes les fautes commises par le capitaine dans la conduite du navire et l'administration (fautes nautiques et commerciales) ;

2° Exonération des fautes nautiques seulement. C'est la « clause d'irresponsabilité mitigée. »

La jurisprudence anglaise[1] admet la validité de ces clauses, mais en les interprétant dans le sens le plus étroit, et en tant seulement qu'elles ne s'appliquent pas aux actes véritablement frauduleux.

Ainsi il a été jugé que la clause du connaissement, qui exonère l'armateur de la responsabilité des vols, ne s'applique pas aux délits commis par l'armateur lui-même ou ses employés (dans l'espèce des arrimeurs), et que la « negligence clause » elle-même ne protège l'armateur que contre la négligence ou les erreurs de jugement, mais non contre la mauvaise conduite volontaire des personnes employées au service du navire[2].

Quant à la clause de non garantie appliquée aux fautes de l'armateur, elle n'est pas passée dans les usages, et aucun doute ne s'élève sur sa nullité.

Il est à remarquer, du reste, que la jurisprudence anglaise est beaucoup moins favorable à ces clauses, qu'on ne se le figure généralement en France.

La vérité c'est que bien souvent les armateurs anglais, et surtout les assureurs qu'ils représentent, viennent se

---

(1) Cour suprême de Judicature, 28 octobre 1886. R. I. D. M. 1886-87 p. 579.
Cour suprême de Shang-Haï, 29 janvier 1887. — — p. 727.
Hte Cour de Justice (Division de l'Amirauté) 19 janvier 1890. R. I. D. M. 1890-91, p. 706.
Cour suprême de Judicature, 7 février 1894. R. I. D. M. 1894-95. p. 304
Cf. cependant en sens contraire :
Cour du magistrat résidant à Auckland, 24 juillet 1890. R. I. D. M. 1890-91. p. 304.
(2) Arrêt précité, 7 février 1894. R. I. D. M. 1894-95, p. 95.

réclamer, devant les tribunaux français de clauses aux
quelles ils essayent de faire reconnaître une portée qu'on
ne leur attribue pas en Angleterre.

Sur ce point, comme sur beaucoup d'autres, il semble
qu'on se soit fait une idée peu exacte de ce qu'est réellement en Angleterre, au point de vue pratique, cette institution qu'on lui a empruntée peut-être bien légèrement.

La clause d'exonération absolue « full negligence
clause », que l'on a tenté d'imposer aux chargeurs, a dû
faire place à des clauses beaucoup moins exorbitantes.

A l'heure actuelle c'est surtout la clause d'irresponsabilité
mitigée, s'appliquant aux seules fautes nautiques du
capitaine, qui est d'usage courant dans les connaissements
anglais.

L'abus des clauses de non garantie avait occasionné de
telles réclamations, suscité même un tel cri d'indignation,
qu'on a dû en revenir à une conception plus juste des
obligations des transporteurs. Et cette réaction analogue à
celle qui se produit en France a eu presque immédiatement un résultat pratique.

La théorie de l'irresponsabilité contractuelle, qui était
vers 1882 à son apogée, s'est restreinte à des atténuations
de la responsabilité des transporteurs.

Belgique. — La jurisprudence belge est certainement
la plus libérale en cette matière.

Ce n'est pas que les clauses d'exonération n'aient rencontré dans ce pays une opposition marquée surtout
dans les tribunaux de commerce. A Anvers notamment, comme du reste dans la plupart des villes maritimes,
la résistance fut très longue. Alors que la Cour de Cassation

belge reconnaissait la validité de la clause par laquelle
l'armateur s'exonère de la responsabilité des faits du
capitaine et des gens de l'équipage [1], le Tribunal de commerce d'Anvers persistait à déclarer nulle, comme contraire
à l'ordre public, non seulement la clause qui exonère
l'armateur de la responsabilité de ses fautes et négligences
personnelles, mais encore celle l'exonérant de la responsabilité des fautes du capitaine et de l'équipage, de semblables
stipulations ayant forcément pour conséquences de favo-
riser le dol et la fraude et de mettre en péril la sécurité des
voyageurs et de l'équipage [2].

Mais le Tribunal dut céder devant la jurisprudence
constante de la Cour suprême et des autres cours [3]. Il per-
siste toutefois à interpréter les clauses de non garantie
dans leur sens le plus étroit [4].

La Cour de Cassation belge ne faisait du reste que se
conformer aux principes qu'elle avait déjà posés en matière
de transports par chemins de fer. Elle avait jugé, en effet,
le 26 octobre 1877 [5], que la clause de non garantie, en
tant qu'elle n'a pas pour effet d'affranchir le voiturier des
conséquences de son dol, n'a rien d'illicite, les faits entachés
de mauvaise foi étant les seuls dont les parties ne puissent
sans blesser la morale stipuler l'irresponsabilité.

---

(1) 12 novembre 1885. R. I. D. M. 1885-86, p. 390.
(2) 31 décembre 1885. R. I. D. M. 1885-86, p. 648.
(3) Cf. Cour de Bruxelles, 24 décembre 1886. R. I. D. M. 1886-87, p. 582
(4) Trib. comm. Anvers, 14 juin 1887. R. I. D. M. 1887-88, p. 469
     —   29 juillet 1892.   —   1892-93, p. 140
     —   30 juillet 1892.   —   —   p. 144
(5) Pasicrisie Belge 1877. 1. 406.

Et la Cour de Bruxelles a rendu le 7 mai 1887 un arrêt faisant application au capitaine de ce que la Cour de Cassation avait jugé pour le transporteur par chemins de fer :

« Attendu, dit la Cour, qu'il est constant et reconnu que les conventions intervenues à Braïla, en octobre 1885, pour régler le transport à Anvers des marchandises objets du litige, sublevaient le capitaine de certains risques qu'ils provinssent de sa faute, ou d'une erreur de jugement, soit de sa part, soit de celle des gens de son équipage, ou autrement, de quelque manière que ce fût, spécialement des risques d'allège, d'explosion, de feu en mer ou en rivière, de collision ou d'échouement ;

..... Attendu que cette clause, librement acceptée, fait loi entre les parties ou leurs ayants-cause, et qu'elle n'est pas contraire à l'ordre public, ni aux bonnes mœurs;

Attendu que les affréteurs sont toujours libres de se fier aux soins, à l'aptitude et au caractère d'un capitaine, pour atténuer ou même supprimer en vue de certains cas déterminés l'obligation de garantie qui est de la nature, mais non de l'essence du contrat de transport, pourvu qu'ils ne le déchargent pas de la responsabilité de son dol ;

Attendu qu'il n'est pas méconnu que le fret a été fixé à un taux avantageux pour les chargeurs, ce qui explique la stipulation prérappelée, et devait être la compensation des risques que les propriétaires du chargement assumaient à la place du capitaine [1] ».

---

(1) R. I. D. M. 1887-88, p. 75.

Cet arrêt est intéressant parce qu'il est en contradiction avec la jurisprudence de tous les pays, et constitue en quelque sorte un monument unique.

Alors qu'une réaction semble se manifester en Angleterre, et même en France, contre les clauses de non garantie, il est remarquable de voir un mouvement inverse se produire en Belgique, sous le couvert d'un respect poussé peut-être à l'extrême pour la liberté des conventions.

Autres pays d'Europe. — En Allemagne, la jurisprudence décide que la « negligence clause » est licite et couvre tous les dommages arrivés à la marchandise ; mais elle ne peut dans aucun cas exonérer l'armateur de la responsabilité de ses fautes personnelles [1].

Dans les Pays-Bas l'influence de la jurisprudence belge paraît se faire sentir et la Cour de Cassation a jugé que l'armateur et le capitaine peuvent s'affranchir de la responsabilité légale pour avaries et perte de la cargaison, le cas de dol excepté [2].

La validité de la clause de non garantie, mais seulement en tant qu'elle s'applique aux fautes du capitaine est également admise en Danemark [3], et en Italie [4].

---

(1) Tribunal de l'Empire 6 février 1889. R. I. D. M. 1889-90, p. 677.
(2) Cour de Cassation hollandaise, 18 novembre 1887, R. I. D. M. 1888-89, p. 471. Cf. Tribunal d'Amsterdam, 22 février 1889, R. I. D. M. 1889-90, p. 399.
(3) Tribunal maritime de Copenhague, 24 mai 1893, R. I. D. M. 1894- p. 95, p. 633.
(4) Cour de Cassation, Florence, 14 juin 1886, R. I. D. M. 1886-87, p. 731. Cf. cependant : contra Gênes, 13 avril 1893, R. I. D. M. 1893-94, p. 197.

En Grèce, la jurisprudence paraît s'inspirer des mêmes idées que la jurisprudence belge.

La Cour d'Athènes a décidé que les parties peuvent stipuler que le capitaine sera exonéré de toute espèce de fautes, pendant le voyage, l'exonération du dol ou de la faute lourde étant seule exclue par la loi.

A plus forte raison l'armateur peut-il s'affranchir par convention de la responsabilité de la faute du capitaine et des gens de l'équipage[1].

Notons que le Code de commerce grec étant la traduction du nôtre, la Cour d'Athènes s'appuie sur l'article 98 qui permet aux commissionnaires de transport de s'affranchir de la garantie des avaries.

ETATS-UNIS. — Les clauses de non garantie n'ont pas rencontré aux Etats-Unis un accueil aussi favorable qu'en Europe.

Cela tient surtout à ce que les intérêts en jeu ne sont pas les mêmes des deux côtés de l'Atlantique.

Eu Europe, et principalement en Angleterre, le commerce des transports a une importance considérable, et la marine nationale dans un but politique autant qu'économique, est favorisée le plus possible. L'Europe n'est pas un pays de producteurs, au même titre que les Etats-Unis, et les intérêts des chargeurs ont pu y être sacrifiés sans soulever les mêmes protestations.

Au contraire la marine marchande des Etats-Unis n'occupe pas entre les autres flottes un rang en proportion

---

(1) Cour d'Athènes, 17 juin 1887, R. I. D. M. 1887-88, p. 494.

avec l'importance de ce pays. Région de grande production agricole et industrielle, les Etats-Unis, dans le mouvement des échanges internationaux, fournissent surtout des chargeurs.

Il est résulté de cet état de choses une conception plus conforme aux anciens principes, et plus exacte au point de vue pratique, des obligations qui incombent aux transporteurs.

Sans doute les considérations d'intérêt national ne sont pas restées étrangères au débat. Pour les transports par mer les Etats Unis sont en grande partie tributaires de la marine anglaise, et le désir de protéger le commerce national a certainement influencé les décisions des cours américaines.

Quoi qu'il en soit des motifs auxquels elle a pu obéir, cette jurisprudence constante, en opposition avec les idées nouvellement reçues en Europe, mérite d'être signalée, parce qu'elle a dégagé avec la dernière évidence les principes sur lesquels est fondée la responsabilité des transporteurs.

Citons notamment un arrêt de la Cour suprême, rapporté dans le *Journal de droit international privé*[1].

Dans cet arrêt, en date du 5 mars 1889, la Cour suprême considère comme un principe établi et indiscutable que la clause d'irresponsabilité, sous quelque forme qu'elle se présente, n'est pas valable suivant la législation américaine.

---

(1) 1890, p 153, R. I. D. M. 1889-90, p. 151.

Elle fonde cette opinion sur une de ses précédentes décision, qui, bien qu'ayant eu pour but de régler une situation un peu différente, repose sur des motifs absolument généraux.

« Il s'agissait alors d'un transport de bestiaux par voie ferrée : Pour démontrer la nullité de la clause de non garantie, la Cour fit alors remarquer que la Compagnie était un transporteur de profession (a common carrier), que par suite elle devait à tous ses bons offices, et que ce serait aller contre l'utilité que le public avait droit de retirer de cette institution, que de lui permettre de stipuler l'exonération de la responsabilité pouvant lui incomber par suite de la négligence de ses agents.

Celui dont la profession est de transporter des biens en devient l'assureur ; que s'il transporte des personnes, il assume par là-même d'avoir de celles-ci le plus grand soin ; il est de l'essence du contrat de transport, que le maître réponde de la négligence de ses employés ; la compagnie de transport et son client ne sont pas sur un pied d'égalité ; celui-ci le plus souvent n'a pas une liberté entière de choix. »

La plupart des décisions américaines ayant eu pour but de régler des conflits de lois nous les retrouverons plus loin dans le cours de cette étude.

La lutte entre les intérêts opposés des armateurs et des chargeurs avait pris du reste aux États-Unis les proportions d'une crise si aiguë, qu'elle a rendue nécessaire l'intervention du législateur et le vote du bill du 13 février 1893.

Les trois premiers articles du bill, apportent à la législation antérieure une modification importante, en sanctionnant la distinction si raisonnable que l'on a souvent proposée d'établir entre l'administration et la conduite du navire. Pour employer les expressions courantes, le législateur américain distingue entre la faute commerciale du capitaine et la faute nautique, l'armateur ne restant responsable que de la première.

En résumé ce bill fait un choix parmi les clauses de non-garantie : il exonère l'armateur de la responsabilité des avaries ou des pertes résultant des fautes et des erreurs de navigation ou de conduite du navire, et déclare nulles et de nul effet toutes autres clauses d'exonération [1].

---

(1) Cf. pour les détails de ce bill, p. 195 et s.

CONFLITS DE LOIS

———

Les clauses d'irresponsabilité n'étant pas reconnues valables dans tous les pays, la question se pose souvent devant les tribunaux de savoir quelle loi doit régir le contrat qui leur est soumis, et qui contient une de ces clauses.

On comprend quelle importance cela peut présenter pour la solution du litige.

Le tribunal saisi peut avoir le choix entre trois lois : la loi du pays où le contrat a été conclu (*lex loci contractus*), la loi du pavillon du navire transporteur, la loi du tribunal (*lex fori*).

Supposons qu'une de ces lois soit par exemple la loi américaine qui ne reconnaît pas la validité des clauses de non-garantie, son application entraînera la nullité d'une stipulation que l'on juge peut-être valable sous l'empire des deux autres lois.

Ce conflit a reçu des solutions différentes suivant les pays.

En France la question s'est posée pour la première fois

devant la Cour de Cassation, en 1864, dans les conditions suivantes :

Un sieur J., chirurgien de la marine française, avait pris passage à Hong-Kong pour retourner en France sur un navire appartenant à la Compagnie Péninsulaire Orientale de Londres. Ce navire fit naufrage et tous les effets et bagages du sieur J. furent perdus. La Compagnie anglaise, actionnée devant le Tribunal de Commerce de Marseille, opposa une clause du bulletin délivré au sieur J. qui l'exo-nérait de toute responsabilité à raison de la perte dont se plaignait ce dernier. Ce moyen de défense fut successive-ment repoussé par le Tribunal de Commerce de Marseille (16 mai 1860), et par la Cour d'Aix (30 janvier 1861). Sur le pourvoi formé par la Compagnie, la Cour de Cassation rendit le 23 février 1864, un arrêt conçu en ces termes :

« Attendu qu'aux termes de l'article 1134 du Code civil les conventions légalement formées tiennent lieu de loi à ceux qui les ont faites ; que, pour décider si une convention a été légalement formée, il faut l'examiner d'après les règles de la législation à laquelle sa formation était soumise ; — attendu que J. s'est embarqué à Hong-Kong, possession anglaise, en contractant avec la Compagnie Anglaise Péninsulaire Orientale ; que cette convention relevait de la législation anglaise, en vertu de la règle qui fait régir l'acte par la loi du lieu où il a été passé, quant à sa forme, à ses conditions fondamentales et à son mode de preuve ; — attendu que l'arrêt attaqué, en appréciant selon la loi française la preuve produite par la Compagnie à l'effet de se prétendre exonérée du dommage résultant pour J. de la perte de ses bagages, et en refusant d'examiner le litige au point de vue du statut anglais a expressément violé l'article 1134 Code Napoléon ; par ces motifs, casse [1]. »

Depuis cet arrêt la Cour de Cassation est restée fidèle au principe qu'elle avait sanctionné et qui consiste à appliquer au litige qui nous occupe la « *lex loci contractus* [2]. »

La même solution est adoptée en Belgique [3].

En Angleterre la question s'est posée notamment devant la Haute Cour de justice (division de la chancellerie), et, par un arrêt du 28 février 1888 [4], la cour décida que les contrats d'affrétement sont, à moins de stipulations contraires, régis par la loi du pavillon du navire.

Il s'agissait, dans l'espèce, d'un contrat d'affrétement passé par un navire anglais à Boston (Etats-Unis), pour le transport en Angleterre d'un certain nombre de bœufs. Or, d'après la loi de l'état de Massachussets les stipulations de non garantie sont nulles : on comprend qu'elle importance avait la substitution de la loi du pavillon à la loi du lieu du contrat.

La jurisprudence anglaise était du reste fixée en ce sens depuis un arrêt rendu en 1864 par la Cour de l'Echiquier et auquel se réfère l'arrêt du 28 février 1888.

ETATS-UNIS. — On sait que la jurisprudence américaine ne reconnaît pas la validité des clauses d'irresponsabilité. C'est surtout devant la juridiction des Etats-Unis que devaient se produire les conflits de lois.

---

(1) D. P. 1866, 1. 166.
(2) Cassation, 4 juin 1878, S. 1880, 1. 428.
(3) Cassation Belge, 31 janvier 1879, Pasicrisie, 1879, 1, 183.
(4) *Journal de droit international privé*, 1889, p. 126.

Déjà, le 2 décembre 1886, la Cour du district sud de New-York avait décidé que la loi fédérale, d'après laquelle un transporteur ne peut pas stipuler qu'il ne répondra pas de sa négligence, est la seule que les tribunaux des Etats-Unis puissent et doivent appliquer, lorsqu'il s'agit de marchandises embarquées dans un port des Etats-Unis sur des navires étrangers, quand bien même la loi du pavillon validerait de telles stipulations [1].

La même solution fut adoptée dans une espèce analogue par un arrêt de la Cour suprême du 5 mars 1889 [2], dont nous avons déjà parlé.

Après des considérations intéressantes sur les devoirs des transporteurs et les clauses de non garantie qu'elle déclarait n'être pas valables aux Etats-Unis, la Cour passait en revue les différentes décisions rendues aux Etats-Unis et en Angleterre, et formulait cette règle que, « sauf exception déduite de l'intention des parties au moment de la naissance de la convention, un contrat passé en un certain lieu, dont les effets doivent se développer à l'étranger, est gouverné en principe par la loi en vigueur au lieu où il est consenti. »

Ainsi la cour déclarait la *lex loci contractus* applicable en la matière, sauf intention contraire manifestée par les parties.

La conséquence de cette jurisprudence fut l'introduction par les armateurs anglais, dans les contrats d'affrétement par eux passés aux Etats-Unis, d'une nouvelle clause sou-

---

(1) R. I. D. M. 1887-88, p. 364.
(2) *Journal de droit international privé* 1890, p. 153.

mettant le contrat à la loi du pavillon. C'est la clause connue dans la pratique sous le nom de « *Montana clause* », du nom du navire au sujet duquel fut rendu l'arrêt du 5 mars 1889[1].

Ainsi, sauf en Angleterre, où les tribunaux accordent la préférence à la loi du pavillon, on admet en général que c'est la loi du lieu du contrat qui doit régir les clauses de non garantie.

Il est vraisemblable, en effet, à moins d'indication contraire, que les parties avaient en vue cette loi, la seule en vigueur et par conséquent la plus connue dans le lieu du contrat.

Mais cette solution une fois admise en principe, une difficulté peut s'élever lorsqu'il s'agit de son application.

Dans tous les pays, on admet comme un principe absolu que les conventions passées à l'étranger ne doivent avoir leur plein effet dans le pays devant le tribunal duquel on en réclame l'exécution que si ces conventions ne sont pas contraires à l'ordre public selon la loi nationale.

C'est ainsi qu'en France notamment l'article 6 du Code civil s'impose dans tous les cas aux tribunaux. Il en résulte que, pour employer un exemple classique, un Turc ne pourrait se prévaloir devant les tribunaux français de son statut personnel en tant qu'il autorise la polygamie, insti-

---

(2) Cette clause est ordinairement conçue dans les termes suivants :

This contract shall be governed by the law of the flag of the ship carrying the goods, with reference to wich law this contract is made.	Ce contrat sera soumis à la loi du pavillon du navire transportant la marchandise, sous l'empire de laquelle ce contrat est conclu.

tution que la loi française considère comme contraire aux bonnes mœurs et à l'ordre public.

Étant donné que la jurisprudence française refuse tout effet à la clause d'irresponsabilité de la faute personnelle, devrait-on faire application de l'article 6 du Code civil à un contrat d'affrètement passé en Belgique, et contenant une clause de ce genre reconnue valable dans ce pays ?

Nous croyons que cette application d'un principe certain en lui-même n'est pas justifiée ici.

MM. Lyon-Caen et Renault [1] font à ce sujet la distinction suivante :

« Les règles d'ordre public n'ont pas toutes le même caractère; il en est qui intéressent à un tel point l'honnêteté publique et l'organisation française que les tribunaux français ne peuvent admettre qu'il y soit dérogé, même par des contrats conclus à l'étranger; il en est aussi qui ont un caractère relatif, en ce sens qu'on ne peut sans doute y déroger en France, mais que nos tribunaux peuvent et doivent même reconnaître la validité des conventions conclues dans des pays où les mêmes règles n'existent pas. Ainsi, la loi qui fixe le taux maximum de l'intérêt conventionnel en matière civile est bien d'ordre public pour les contrats faits en France, mais nos tribunaux reconnaissent la validité des contrats stipulant un intérêt supérieur, s'ils ont été conclus dans un pays où la liberté du taux de l'intérêt est admise.

On peut assurément soutenir que la prohibition des

---

(1) *Traité de Droit Commercial*, 2me édition III, n° 847, p. 595.

clauses de non responsabilité dans le contrat de transport est une règle d'ordre public purement interne; il n'y a pas là une règle supérieure de moralité publique. L'admission qui en a été faite par notre jurisprudence spécialement pour les transports par chemins de fer, a été quelque peu influencée par les conditions dans lesquelles sont exploitées en France les lignes ferrées; les Compagnies y jouissent d'un monopole de fait qui peut ne pas exister ailleurs avec une égale puissance. »

Ces considérations sont certainement très justes et la distinction que veut établir M. Lyon-Caen paraît conforme à la réalité des faits. Mais la difficulté réside dans la manière d'apprécier. Et la jurisprudence paraît du moins dans sa dernière expression entièrement opposée à l'opinion de M. Lyon-Caen. Dans un arrêt du 12 juin 1894 [1], dont nous avons déjà parlé, la Cour de Cassation s'exprime ainsi :

« Attendu que si, dans les contestations entre Français et étrangers, la loi étrangère doit être appliquée lorsque les parties s'y sont référées expressément ou même implicitement, c'est à la condition que son application ne soit pas, en France, contraire à l'ordre public; que, dans les principes de notre législation, la clause de non garantie d'avaries insérée dans un contrat de transport n'est légale qu'en tant qu'elle a pour effet de mettre la preuve des fautes du transporteur, ou de celle des agents placés sous ses ordres, à la charge de ceux qui demandent la réparation du dommage, etc. [2] »

---

(1) D. P., 1895, 1, 41.
(2) Voir la suite de l'arrêt, page 162.

Ainsi, la Cour de Cassation considère la clause de non garantie en question comme contraire à l'ordre public, du moins avec sa pleine portée. En un mot, elle n'admet l'application de la loi du lieu du contrat qu'en tant qu'elle n'est pas en contradiction avec la loi française.

Cette tendance s'est manifestée dans plusieurs arrêts étrangers à notre matière, et notamment dans un arrêt de la Chambre des Requêtes du 29 mai 1894 [1]; la Cour a considérée comme contraire à l'ordre public la prétention d'un banquier étranger, investi d'un monopole dans son pays, (Monte-Carlo), d'empêcher un banquier français d'annoncer, en France même, qu'il avait une succursale à Monte-Carlo. Cela serait une violation de la liberté de commerce, telle qu'elle est établie par la loi française.

Nous nous trouvons donc en présence d'un système un peu différent de celui précédemment admis par la Cour Suprême (arrêt précité du 25 février 1864). Encore ne faudrait-il pas exagérer l'importance de ce revirement. Il est probable que, déjà en 1864, la Cour ne considérait pas la clause de non garantie comme nulle selon la loi française. Elle n'a pas eu à résoudre cette question, mais la solution en découle implicitement tant de l'arrêt de 1864 que de l'arrêt que nous avons également cité du 20 janvier 1869.

Le bill américain du 13 février 1893 vient apporter un élément nouveau à cette question déjà si compliquée des conflits de lois.

Il résulte, en effet, des termes mêmes de ce bill qu'il est applicable aux navires étrangers aussi bien qu'aux

---

(1) D. P., 1894, 1, 521. Dissertation de M. Despagnet.

navires nationaux. L'interdiction des clauses de non garantie édictée par l'article 2, comprend le transport « au départ des ports des Etats-Unis d'Amérique, et entre ces ports et des ports étrangers », de sorte qu'un connaissement délivré en Europe pour des marchandises à transporter aux Etats-Unis tomberait sous le coup de cette loi. On peut se demander si les tribunaux américains interpréteraient ce bill comme invalidant la loi locale du pays étranger où l'embarquement des marchandises a eu lieu. En l'absence de décisions, du moins à notre connaissance, il semble que la question, étant donné la jurisprudence américaine antérieure au bill, ne peut faire aucun doute. C'est une préoccupation constante pour les tribunaux américains que de conserver au commerce national les garanties que la loi a établies en sa faveur. Le bill de 1894 n'est que la confirmation légale de cette préoccupation. Ce serait lui enlever toute portée que de le déclarer inapplicable aux navires étrangers; bien plus ce serait créer en faveur de ces derniers navires une situation exceptionnelle, au grand détriment des navires nationaux; en un mot, tout le système de protection, dont le bill de 1893 est la dernière expression, serait par ce fait seul entièrement compromis.

Signalons pour terminer un autre système[1] sur la solution des conflits de lois, qui consisterait à distinguer dans quel pays a eu lieu la faute qui a donné naissance à la responsabilité. Ce système qui soulèverait de grandes difficultés dans ses applications n'est jamais sorti du domaine de la théorie.

---

(1) Thaller, *Annales de Droit Commercial*, 1886-87, p. 304.

CONCLUSION

Nous avons étudié dans ce court travail les clauses d'exonération de la responsabilité de la faute personnelle et de la faute des préposés telles qu'elles sont ordinairement stipulées par les tranporteurs ; nous avons passé en revue les arguments que l'on fait valoir pour ou contre leur validité et nous avons conclu de cet examen qu'il n'était pas possible en l'état de la législation de reconnaître à ces clauses une portée quelconque, et que les principes de notre droit en cette matière s'opposaient expressément à toute restriction de la responsabilité des transporteurs. Cependant, depuis de longues années, une jurisprudence constante, en France notamment, déclare valable la clause par laquelle l'armateur s'exonère de toute responsabilité de la faute du capitaine. Cette jurisprudence a soulevé d'incessantes réclamations de la part du commerce, c'est-à-dire dans l'espèce des chargeurs. Dans tous les pays où cette clause est reconnue valable, les mêmes protestations se sont élevées et l'on assiste à la lutte des intérêts rivaux des chargeurs et des armateurs.

La question est présentée de part et d'autre comme

extrêmement importante ; si l'on en croyait certains armateurs, ce serait même pour leur industrie une question de
vie ou de mort

En présence d'un conflit aussi aigu, et mettant en jeu
des intérêts aussi dignes d'attention, on peut se demander
s'il ne convient pas que le législateur intervienne au nom
de l'intérêt public dont il est le gardien.

Les partisans à outrance de la liberté des conventions
repoussent énergiquement toute intervention des Pouvoirs
publics. Il faut se méfier, disent-ils, de cette tendance à
légiférer sur tout et à tout réglementer. Ce qu'il faut au
commerce, c'est avant tout la liberté. Laissons chacun juge
de son propre intérêt, et contentons-nous de sanctionner
et de faire exécuter les accords librement intervenus. Par
la force même des choses, l'équilibre finira par s'établir
entre les intérêts rivaux, et d'ailleurs la concurrence toujours plus ardente entre les armateurs suffit à empêcher
les abus.

Une réglementation n'est possible, ajoute-t-on, que
lorsqu'on se trouve en présence d'un monopole, comme
contre-partie nécessaire de ce monopole. C'est ce qui se
produit par exemple à l'égard des Compagnies de chemins
de fer. Comme il ne peut leur être fait aucune concurrence
et qu'il importe cependant que les intérêts des particuliers
soient sauvegardés, il faut bien que les pouvoirs publics
qui ont concédé le monopole fixent aussi les conditions de
son exploitation. La situation des Compagnies maritimes
est bien différente ; les routes de la mer sont libres pour
tous, et la concurrence est illimitée.

Il ne nous semble pas que ce raisonnement soit vrai de

tous points. En fait, les Compagnies de navigation exercent un véritable monopole tant par la répartition tacite entre elles des différentes lignes, que par des accords fréquents sur le prix du fret. Le chargeur trouve à peu près chez toutes les mêmes conditions. Toute augmentation de prix de fret, toute restriction de responsabilité imposée par une Compagnie est bientôt adoptée par toutes les autres.

La Cour de Cassation voyait un péril dans les clauses d'exonération stipulées aux tarifs spéciaux des Compagnies de chemins de fer, elle eût pu voir le même péril avec beaucoup plus de raisons dans les clauses analogues des connaissements.

Les armateurs prétendent que le taux du fret est actuellement si réduit qu'il constitue en quelque sorte l'équivalent des tarifs spéciaux. Cela est facile à dire, mais rien ne prouve que cette diminution ait été consentie par les armateurs pour obtenir des conditions plus favorables. Il est beaucoup plus vraisemblable que l'abaissement des frets est dû à des causes économiques indépendantes, de la volonté des transporteurs.

Il n'est pas niable que le commerce des armements ne traverse en France une crise très grave, et cela depuis plusieurs années, mais malheureusement beaucoup d'autres industries ne sont pas dans un état plus florissant.

Cette crise de l'armement semble due plutôt au manque de fret qu'à la baisse du taux du fret, et c'est ce qui en rend la solution particulièrement difficile ; car, si le fret manque, cela indique que le commerce d'exportation et d'importation traverse aussi une crise. Dans tous les cas, l'intérêt général est en jeu, et l'intervention des pouvoirs publics est toute naturelle dans une question qui touche de si près à tout ce qui constitue la prospérité nationale,

On peut donc se demander, à bon droit, si notre législation en matière de transports correspond toujours à une juste conception des choses, ou si, au contraire, il ne conviendrait pas, par de légères modifications, de la mettre plus en rapport avec l'état actuel du commerce des transports, tel qu'il a été créé par les progrès de ce siècle.

La question de la responsabilité des armateurs a été passionnément discutée dans une série de congrès d'armateurs et de chargeurs. Ces congrès ont proposé des formules de connaissements qui ont eu des fortunes diverses; il est intéressant de les passer rapidement en revue, parce que, élaborées dans un but pratique, par des hommes d'affaires et quelquefois des jurisconsultes, elles nous permettront de dégager les éléments de la responsabilité équitable et rationnelle des armateurs, en tenant compte autant qu'il est possible de tous les intérêts qu'il importe de ménager.

Une conférence tenue à Liverpool, en 1882, par les armateurs anglais avait adopté une clause proclamant leur irresponsabilité absolue. Cela était exagéré et une réaction devait fatalement se produire.

En août 1885, l'Association pour la réforme et la codification des lois internationales tint à Hambourg une conférence qui proposa entre autres les règles suivantes :

1° L'armateur est responsable de la baraterie, des fautes, de la négligence du capitaine, des officiers et des matelots, mais non pas de leurs « erreurs d'appréciation ».

2° Il n'est pas responsable des avaries de machine ni des vices cachés de la coque ou de la machine, ne résultant pas d'un manque de soins nécessaires de la part du propriétaire ou gérant du navire.

Ces règles suscitèrent de vives protestations de la part des armateurs et restèrent sans portée pratique.

Le Congrès international de droit commercial tenu la même année à Anvers adopta des résolutions plus favorables aux armateurs.

L'article 11 est, en effet, ainsi conçu :

« Les propriétaires sont responsables des faits de leurs capitaines et de leurs préposés relatifs à la cargaison, à moins qu'ils ne justifient que le dommage provient de la force majeure, du vice propre de la marchandise ou de la faute de l'expéditeur.

« Les parties peuvent déroger à cette règle, sauf sur les points suivants :

« Pour les faits des capitaines et préposés qui tendraient à compromettre le parfait état de navigabilité des navires;

« Pour ceux qui auraient pour effet de causer des dommages par vice d'arrimage, défaut de soins, ou incomplète délivrance des marchandises;

« Pour toutes baratteries, tous faits, actes et négligences ayant le caractère de la faute lourde. »

Ainsi, l'on établissait une distinction :

Le propriétaire devait dans tous les cas rester garant du parfait état de navigabilité du navire, car c'est la première obligation de tout transporteur; nous ne trouvons plus ici la restriction relative au vice caché, et aux avaries de machines. Il peut, par contre, décliner toute responsabilité pour la faute légère du capitaine et de l'équipage, pourvu

13

qu'elle n'ait pas pour effet de causer du dommage aux marchandises par vice d'arrimage, défaut de soins ou perte partielle.

L'article 14, conçu dans un esprit encore plus large, exonérait le capitaine de toute responsabilité pour ses fautes nautiques légères.

Le Congrès international de droit maritime réuni à Gênes, en 1892, établit l'irresponsabilité comme règle générale en cas de : baraterie (sauf le cas de dol ou faute grave), abordage ou échouement, quelle qu'en soit la cause, et vice caché du navire et de la machine, à moins qu'ils ne proviennent de l'innavigabilité du navire ou du manque de soins.

En octobre 1893 la conférence de Londres édicta des règles analogues.

Ainsi s'est dégagée peu à peu une conception plus moderne et plus pratique de la responsabilité des armateurs. Elle concilie dans une juste mesure les intérêts opposés et pourra servir de base à notre législation future. Elle est du reste la condamnation absolue de la jurisprudence actuelle qui se refuse à toute distinction.

Ce qui ressort en effet de toutes les règles qui ont été proposées c'est une distinction marquée entre la conduite du navire et son administration ; c'est aussi une tendance à traiter d'une manière différente les fautes légères et les fautes lourdes du capitaine. Remarquons enfin que l'on consacre expressément l'obligation pour l'armateur de fournir un navire en état d'effectuer le transport dont on le charge ; cette obligation fondamentale ne fléchit que devant la constatation du vice caché du navire ou de la machine, et encore cette restriction n'est pas toujours admise.

A côté de ces discussions et de ces résolutions purement théoriques, il s'est accompli un fait d'une importance considérable ; c'est le vote aux Etats-Unis du bill du 13 Février 1893 [1].

Ce monument législatif est d'autant plus intéressant qu'il est le plus nouveau en cette matière, et qu'il a eu précisément pour but de mettre fin au conflit des armateurs et des chargeurs qui empruntait une gravité exceptionnelle à la situation spéciale des Etats-Unis [2]. Nous avons déjà eu l'occasion de parler de ce bill, voyons maintenant le détail des dispositions qu'il contient :

L'article 1 déclare illégale, nulle et sans effet toute clause aux termes de laquelle les administrateur, agent, capitaine ou armateur d'un navire, s'exonéreraient des pertes ou dommages provenant de négligence, faute ou manquement dans le chargement, arrimage, garde, soin et livraison convenables de toutes les marchandises à eux confiées.

L'article 2 déclare également nulle toute clause par laquelle ces mêmes personnes tenteraient de diminuer, atténuer ou éluder « les obligations pour l'armateur du navire de faire diligence pour armer, équiper, approvisionner et préparer convenablement ledit navire, et pour le mettre en état de tenir la mer et d'accomplir le voyage

---

(1) Cf., page 176.
(2) Cf., texte complet de ce bill. R. I. D. M. 1892-93, p 632 et commentaire de M. Harrington Putnam.

projeté, et les obligations du capitaine, des officiers, agents ou employés, de manipuler et arrimer avec soin sa cargaison, de la garder et de la livrer.»

L'article 3 contient la véritable innovation. Il ne se contente pas de permettre certaines clauses d'exonération; il crée une véritable irresponsabilité légale :

Si l'armateur a fait diligence pour que le navire soit en état de tenir la mer, il ne sera pas responsable d'aucune faute ou erreur de navigation ou de conduite du navire ni d'aucun risque de mer.

L'article 4 ne renferme que des explications complémentaires.

L'article 5 édicte une sanction pénale (amende) pour le fait de n'avoir pas employé un connaissement en bonne et due forme.

Enfin l'article 6 est une disposition explicite mettant hors de doute la question de savoir si la mise à exécution de cette loi peut affecter les statuts antérieurs des États-Unis qui limitent la responsabilité des armateurs à la valeur du navire et du fret, comme la loi des pays d'Europe.

Il est spécifié que les articles 1 et 4 du bill ne s'appliqueront pas au transport des animaux vivants (art. 7)[1].

Telles sont les dispositions de cette loi qui semble correspondre exactement aux besoins dont elle est née.

---

(1) Ce bill est exécutoire depuis le 1er juillet 1893 (art. 8).

Plus favorable aux armateurs que l'ancienne législation des États-Unis, elle conserve cependant aux chargeurs les garanties auxquelles ils ont légitimement droit. D'une part, en effet, elle consacre à nouveau cette obligation incombant aux armateurs, comme à tous les transporteurs, de faire toute diligence pour l'exécution de leur mandat, sans pouvoir restreindre en aucune façon leur responsabilité à cet égard. D'autre part, sanctionnant la distinction si rationnelle entre les fautes commerciales et les fautes nautiques du capitaine, elle exonère l'armateur de toute responsabilité des fautes ou erreurs dans la navigation et la conduite du navire, fautes ou erreurs qu'il ne pouvait prévenir par un choix plus judicieux ou empêcher par une surveillance plus active. Ce système mixte est aussi équitable que conforme à la réalité des choses, et c'est évidemment là qu'est la véritable justice.

Cette irresponsabilité ainsi comprise, c'est celle que crée, en Angleterre, la clause d'irresponsabilité mitigée ; c'est dans la limite qu'on a vainement essayé en France de renfermer la clause d'exonération : et déjà certaines compagnies allemandes insèrent une clause analogue dans leurs connaissements.

C'est la transaction naturelle entre les intérêts opposés des armateurs et des chargeurs.

En l'état actuel de notre législation, nous l'avons dit, et nous le répétons, on ne peut établir une distinction entre les fautes commises par le capitaine comme administrateur et comme conducteur du navire.

L'armateur doit être, dans tous les cas, responsable sans pouvoir diminuer sa responsabilité par aucune clause. La jurisprudence est, sur ce point du moins, dans le véritable esprit de la loi. Il faut reconnaître la clause comme valable, dans tous les cas, ou comme nulle. C'est à cette dernière opinion que nous nous sommes rattachés. Mais puisqu'il ne s'agit plus d'étudier la loi existante, et que nous cherchons maintenant sur quelles bases il conviendrait d'édifier une législation nouvelle, qu'il nous soit permis de souhaiter qu'elle s'inspire des mêmes considérations que la loi américaine de 1893.

La question en France est du reste assez avancée.

Déjà, en avril 1886, MM. Félix Faure, Ricard et Siegfried avaient déposé un projet de loi ayant pour but d'ajouter à l'article 281 du Code de Commerce un paragraphe ainsi conçu :

« Doivent être considérées comme nulles et non avenues toutes les clauses énoncées dans un connaissement, une charte-partie ou toute autre convention, qui tendraient à diminuer ou à détruire les obligations résultant pour les armateurs ou propriétaires de navires du principe du contrat de transport qui consiste à délivrer les marchandises dans l'état où le transporteur les a reçues, sauf les cas fortuits ou de force majeure.

Les armateurs ou propriétaires de navires pourront valablement s'exonérer des erreurs, négligences ou fautes nautiques résultant du commandement dans la manœuvre ou de l'exécution du commandement. »

Ce projet n'a pas abouti, et c'est seulement le 22 octobre 1895 que M. le Ministre du Commerce a présenté un nouveau projet, dans le même sens, qui est actuellement à l'étude [1].

Les Chambres de Commerce consultées sur ce projet ne lui ont pas fait un accueil favorable. Les Chambres de Commerce de Paris et de Marseille, notamment se sont déclarées opposées à la loi si elle n'avait un caractère international.

Les Compagnies de navigation ont présenté des protestations très vives, à cause, disent-elles, de l'infériorité dans laquelle elles se trouveraient placés vis-à-vis de leurs concurrents étrangers.

La loi, objecte-t-on. ne pourra s'appliquer dans la pratique aux connaissements établis pour charger sur des navires étrangers. On insèrera certainement dans ces connaissements une clause portant attribution de juridiction aux tribunaux du pays du navire étranger. C'est ce qui se passe pour les transports effectués au départ ou à destination

---

(1) Le projet modifie le Titre VII, Livre II, du Code de Commerce (articles 281-283). Le nouvel article 281 serait ainsi conçu : « Le connaissement
« doit énoncer la nature et la quantité des objets à transporter, leurs marques
« et numéros, le nom et le domicile du chargeur, le nom du capitaine, le
« nom et la nationalité du navire, le lieu du départ, les indications relatives à
« destination, le prix du fret, et la date à laquelle il est signé.

« Le connaissement peut être à ordre ou à personne dénommée.

« Doivent être considérées comme nulles et non avenues toutes les clauses
« énoncées dans un connaissement, une charte-partie, ou toute autre con-
« vention, qui tendraient à diminuer ou à détruire les obligations résultant
« pour les armateurs ou propriétaires de navires, du principe du contrat de
« transport qui consiste à délivrer les marchandises dans l'état où le transpor-
« teur les a reçues, sauf les cas fortuits ou de force majeure.

« Les armateurs et propriétaires de navires pourront valablement s'exonérer
« des erreurs, négligences et fautes nautiques résultant du commandement
« dans la manœuvre ou de l'exécution du commandement. »

des États-Unis. Par exemple, la Compagnie Générale Transatlantique française chargeant au Havre pour New-York stipule que le contrat est soumis à la loi française. Les compagnies anglaises ou belges qui font le même service, prennent la même précaution.

Ces considérations ne manquent pas d'une certaine justesse. Il serait évidemment préférable qu'une entente intervînt entre les grandes puissances maritimes, mais personne n'ignore combien des négociations de ce genre sont difficiles à engager et à mener à bien, Ce serait retarder la solution de plusieurs années. Peut-être est-ce le secret désir des intéressés.

On a proposé, en attendant, d'établir deux types de connaissements, concurremment mis à la disposition des chargeurs : l'un portant la clause de non garantie, l'autre maintenant la responsabilité pleine et entière de l'armateur mais stipulant un fret plus élevé.

Un essai de ce genre a été tenté en Angleterre par la Compagnie Péninsulaire Orientale, en 1891 ; il paraît que les chargeurs ont préféré encore payer un fret moins cher et consentir les clauses de non garantie.

Cela se comprend, car cette solution de la question n'en est pas une. Sous forme d'augmentation du fret, c'est une véritable prime d'assurance que l'on fait payer aux chargeurs. On ne peut assimiler cette combinaison à la coexistence des tarifs généraux et spéciaux en matière de transports par chemins de fer. Ici la responsabilité est la règle, l'irresponsabilité est l'exception ; c'est le contraire qui se produit avec le système du double connaissement.

Si l'on s'accorde pour reconnaître qu'il faut mettre un

terme à la situation actuelle, c'est seulement par une loi analogue au bill de 1893, que l'on pourra concilier tous les intérêts.

Peut être doit on regretter que le projet de loi actuellement à l'étude se montre plus rigoureux. Il semble, en effet, établir une distinction entre les fautes nautiques du capitaine et ne permettre aux propriétaires de navires que de s'exonérer de la responsabilité seulement de celles qui résultent du commandement dans la manœuvre ou de l'exécution du commandement. Ainsi non seulement l'irresponsabilité n'est pas de droit, comme dans le bill de 1893, mais encore elle est est plus restreinte. A modifier la loi il conviendrait de le faire dans un esprit plus large et plus favorable aux armateurs, en les exonérant, de droit, de toutes les conséquences des fautes nautiques des capitaines quelles qu'elles soient. Le projet est donc, à ce point de vue, insuffisant.

Il présente aussi un autre inconvénient signalé avec raison dans une étude en cours de publication, dans la *Revue internationale de Droit maritime*, au moment où nous écrivons ces lignes[1]. La rédaction du nouvel article 281 est essentiellement vicieuse et les dispositions relatives aux clauses d'irresponsabilités seraient beaucoup mieux à leur place à la suite de l'article 216 qui édicte la règle de responsabilité des propriétaires de navires.

Ces réserves faites, souhaitons que le nouveau projet de loi ne reste pas lettre morte comme celui de 1886. Modifié

---

(1) Verneaux. Le projet de modification du titre III. Livre II. Code comm. R. I. D. M. 1895-96, nos VIII et s.

dans le sens que nous indiquons, il mettrait fin aux incertitudes de la situation actuelle et constituerait un *modus vivendi* très acceptable pour tout le monde. Il donnerait satisfaction à une partie des réclamations des chargeurs, sans porter, certainement, aux armateurs le coup mortel qu'ils semblent redouter. Offrir de meilleures garanties pour la bonne exécution du transport, c'est, peut-être, un des moyens tant cherchés de combattre la concurrence étrangère et d'attirer le fret.

Vu :

Par le Président de la Thèse,

E. VERMOND

Vu :

Le Doyen,

A. PISON

Vu et permis d'imprimer :

Aix, le 29 Avril 1896.

Le Recteur,

BELIN

BIBLIOGRAPHIE

AGNEL. *Manuel général des assurances.*
ALAUZET. *Commentaires du Code de Commerce*, nº 467.
AUBRY ET RAU. *Droit civil*, IV, p. 100. 373. 759.
AUCOC. *Conférences de droit administratif*, III.

BÉDARRIDE. *Des chemins de fer.*
— *Des commissionnaires*, nº 252.
— *Droit maritime*, nº 1260.
BERTRAND DE GREUILLE. *Rapport au Tribunat.*
BOULAY-PATY. *Cours de droit commercial maritime*, t. IV.
Bulletin de la Société de législation comparée, 1886. *Résolutions du Congrès d'Anvers.*
BOISTEL. *Précis de droit commercial.*

CAUVET (E.). *Assurances terrestres*, I.
CAUVET (J.-V.). *Assurances maritimes*, I. 142. s. passim.
COURCY (DE). *Questions de droit maritime*, 2e série.

DEMOLOMBE. *Des contrats*, I. 355. VIII. 530.
DESJARDINS. *Droit maritime*, II. 276.
DOMAT. *Lois civiles*. Livre I, titre XVI. II, VIII, 4º.
DUVERDY. *Traité du contrat de transport*, p. 54.
DIGESTE. *De regulis juris*, 23.
— *De pactis*, 29.
— *Depositi vel*, 1. par. 7.
— *Furtum adversus nautas*. passim.
— *Ad legem aquiliam*. 27. 29.
— *De actione exercitoria*. passim.
— *Nautæ caupones*. 1..... 7. etc.

EMERIGON. *Traité des assurances*, I. II, 3 ; I. XII, 2.

EXNER. *Théorie de la responsabilité dans le contrat de transport.*

FÉRAUD-GIRAUD. *Code de transports*, II. 785.

GUILLOUARD. *Traité du louage*, II. 761.

Journal de Droit international privé, 1890, p. 153.
— *Règles d'affrètement de Londres*, 1893.
Journal le "Sémaphore de Marseille", 4-5 juillet 1895 (articles de M. Paul Vernet).

LABBÉ. *Sirey*, 1876. 1. 337, note.
— *Annales de droit commercial*, 1886-87. 185.
LAURENT. *Droit civil*, XXV. 531. 532. 549.
LAURIN sur Cresp. *Droit maritime*, I.
LEJEUNE. *Des clauses d'irresponsabilité dans les connaissements.*
LEVILLAIN. DP. 1888. 1. 113, note.
LYON-CAEN (CH.). *Revue critique de législation et de jurisprudence*, 1877, p. 143 ; 1880, p. 755 ; 1895, p. 353. — *Sirey* : 1876, 1. 337, note ; 1887, 1. 123, note. — *Journal du Palais*, 1887. 1. 281, note.
LYON-CAEN ET RENAULT. *Traité de droit commercial*, 2e édit. III, no 847 ; V, no 745, s.

PARDESSUS. *Droit commercial*, II. 542.
PLANIOL. *Revue critique de législation et de jurisprudence*, 1888, p. 285.
POTHIER. I. parag. 121. IV, no 65 (contrat d'assurance).
Proposition de la loi française sur l'Art. 281. *Journal officiel*. (*Revue politique et parlementaire*, 1895, 288).

RAYNAL (DE). Conclusions. DP. 1869. 1. 94.
RUBEN DE COUDER. *Dictionnaire de droit commercial*. Vo Armateur, no 26 bis.

SAINCTELETTE. *Responsabilité et garantie.*
SARRUT. *Transport des marchandises par chemin de fer*. passim.
— *Revue critique de législation*, 1885, p. 137.
— DP. 1890. 1. 209, note.
SAUZET. *Revue critique de législation*, 1883, p. 637.
SOURDAT. *De la responsabilité*. II. 995. 1017.
Syndicat marseillais de la Marine marchande. *Observations sur le projet du 26 octobre 1895.*

THALLER. *Annales de droit commercial*, 1886-87, p. 304.

TOULLIER. *Droit civil.* XI. 214.

TROPLONG. *Traité de l'échange et du louage.* III. n° 942.

VALIN *Commentaires sur l'Ordonnance de 1681.*

VALROGER. *Droit maritime.* I. n° 246.

WEIL (DENIS). *Des assurances maritimes et des avaries.*

VINCENT. *Des clauses d'irresponsabilité dans le contrat de transport.*

VERNEAUX. Étude sur le nouveau projet de loi modifiant le Titre III livre II
Cod. comm. R. I. D. M. 1895-96, p. 515.

ABRÉVIATIONS

D. P.............. . *Recueil de Dalloz.*

J. M.............. *Journal de Marseille* (Recueil Girod et Clariond).

R. I. D. M......... *Revue internationale de droit maritime.*

S .... *Recueil de Sirey.*

Recueil Lamé-Fleury. *Bulletin annoté des chemins de fer en exploitation.*

TABLE

Marseille. — Typ. et Lith. Barthelet et Cⁱᵉ, rue Venture, 19.

www.ingramcontent.com/pod-product-compliance
Lightning Source LLC
Chambersburg PA
CBHW070525200326
41519CB00013B/2937